내게도 애인이 생겼다

내게도
애인이 생겼다

유비자 산문 시집

도토리숲

시인의 말_

저는 그윽한 책 향기를 좋아하는
70대 초반의 평범한 이웃입니다

모든 시 애호가들의 화두가 그러하듯
말할 수 없는 희열과 풍류를 맛보는 즐거움 때문에
오늘도 펜을 놓지 못하고
시 쓰는 인연을 계속 이어가고 있습니다

저에게 있어서 시는
제 삶을 사유하고 성찰하는 세정제이자
마음의 사치를 즐기는 오락이기도 합니다

이 시집이 나오기까지 곁에서 지켜봐 준 지인 여러분께
고개 숙여 감사드립니다

2025년 가을 끝자락에서
유비자 올림

차례

시인의 말 | 5

1부

소년은 살아있다	14
봄날의 미소	16
4월과 하늘 꽃비	18
나는 그런 봄비가 좋더라	20
인생 비타민	22
어느 봄날의 시간여행	25
울 엄마	28
그리움	31
자식에게 부모란	33
같은 별의 다른 이름	34
내게도 애인이 생겼다	35
새로운 시작	38
나를 기립 응원하리	40
하얀 물수건 – 우리가 밤에 더 아픈 까닭	42
이념의 풀무를 고발한다	46
별이 된 남매	48
5월, 생의 외경	50
'뒷것' 김민기	52
혼밥 만찬	54
짧은 만남, 큰 깨달음	56
추억의 신촌 다방	58
작고 예쁜 느린새	60
침묵을 사고파는 사람들	62
무덤을 지나면서	65

2부

청포도 마실	70
7월 초여름 밤의 꿈	73
팝콘 같은 아카시아꽃	75
소낙비의 경고음 – 이제 그만 내려놓아라	77
감사의 두 손을 모으며	79
위대한 깨달음	81
흠뻑 젖은 백운산에 안기며	84
레트로 버전	86
아내의 부재	88
어서 와 우리 댕댕이	91
나는 오늘도 황혼의 반란을 꿈꾼다	94
뭐, 우리 댕댕이가 '물건'이라고?	97
와! 수련睡蓮이다	100
엄마라는 신화의 송가	104
난 언제나 여행을 꿈꾼다	106
한 여름밤 익어가는 시간의 촉감	109
나는 그걸 천년의 고독이라 부른다	112

3부

가슴 속의 고드름	116
9월이 오면	118
가을 문턱에서 우린 이별을 하네	121
아무튼 추석	124
추석이 지난 오후	126
빼앗긴 가을에 내가 할 일	128
웨딩 축시	130
욕망과 탐욕이란 이름으로	132
세상에 시詩 아닌 게 어디 있나	135
오늘도 나는 욕망의 고속열차를 티켓팅 한다	137
이 가을에 인화된 풍경	140
달빛 산책	143
고장난 가을은 누구 책임인가	146
서정을 볶는 가을비	149

4부

애매한 11월의 상념	154
실존과 삶의 해독	156
찬 바람이 분다	158
셀프에게 보내는 희망 편지	160
어른 라이선스 요구하는 사회	163
이음을 위한 11월의 공유	166
행복은 고체가 아니다	168
차분하게 내려앉은 가을	172
포엠 그때 그녀	174
행복하기에도 모자란 시간	176
지구의 자전과 공전 속 늦가을	179
늦가을의 하얀 명품	181
설경雪景의 하루	184
11월 첫눈이 쏘아 올린 것들	187
2024년 타임캡슐	190
고요한 밤 거룩한 밤	192
메리 크리스마스	195
공허한 제야除夜의 종소리	198

5부

젊은 노년의 꿈	204
쉬어가라 하네	207
저무는 봄에 미련은 없다	209
영화는 사라지고	211
들판의 끝자락에서	214
신뢰의 외투	216
노년의 씨앗	217
진정 어른이 된다는 것	219
그때는 몰랐습니다	221
세월의 강가에서	225
사랑도 노안老眼처럼	227
노년의 출구 옆 작은 입구	229
꺼지지 않는 잔불	232
늦은 미식 순례	234
노년의 신대륙	236
맛있는 삶을 입에 넣다	238
마트 앞에서	240
지팡이의 굿모닝	242
돌이킬 수 없는 엄마의 계절	244
말은 강을 건너지 못하고	246

1부

소년은 살아 있다

나는 그를 묻었다고 믿었다
사회에 첫발을 내디딜 때
그때 분명히 묻었다

장년을 훨씬 넘어
이제는 어른 노릇 하기도 지쳤는데
내 안의 소년은 아직도 젖은 눈망울로 살아 있다

그는 감성이란 낙엽더미 속에 숨어
기억이라는 틈새에서 썩지 않고 살아 있다

그는 좀비처럼 종종 튀어 나와
길가의 들꽃 앞에서 발을 멈추게 하고
노을 한 줌에도 울컥한다

세상은 각혈하는 매서운 칼날인데
그는 비 오는 날의 책갈피처럼 젖은 눈을 한다

나는 창밖 어딘가에서 손짓하는 그를
구충제처럼 몸 밖으로 쫓아내고 싶다

이제는 면역도 생길 법한데
그는 끈질기고 부드럽게 내 심장 안쪽에 달라붙어
나를 푸른 동화 속으로 끌어당긴다

소년은 순수의 또 다른 이름이 아니라
내 삶의 내장을 갉아 먹는
무형의 기생충이다

봄날의 미소

빽빽한 나무 틈 사이로
레이저빔 같은 햇살이 실루엣으로 비친다

난 어느새 초록 옷으로 갈아입은
봄날의 매봉산을 오늘도 마치 최면에 걸린 듯
주술에 끌린 듯 그림자 되어 걷는다

햇살이 유리알처럼 반사되는 동이 트는 아침을 맞아
흘린 가벼운 땀으로 마음이 평지를 이룬다

바스락거리는 낙엽 소리와
생명수를 갈구하는 초목들의 거친 숨소리
바람이 숲 몰래 지나가는 소리
흥겹게 지저귀는 새들의 노랫소리

가까스로 비켜 간 과거를 돌아보는 것은
아픈 등짝을 후려치는 일이지만

봄기운 완연한 숲속을 걷노라니
부드러운 온기가 살갗을 촉촉하게 파고들고
온 가슴으로 박제되어 꿈결처럼 느껴진다

한없는 너그러움이
파도가 되어 마음 밭에 일렁이고
입가에 미소도 절로 나온다
나는 나를 에워싼 조명 빛처럼 밝게 웃는다

4월과 하늘 꽃비

흰 분홍 꽃비
애틋함이 밀려오는 4월에만 나리네

향기에 홀린 황홀한 꽃길
그리움도 가볍게
사락사락 4월에만 거니네

나는 오늘도
몽환적인 꽃길 꿈길을
영혼이 흔들리며 비틀비틀 걸었네

어떤 사람은 4월을
잔인한 달이라 부르지만
그대는 풀잎에 바람이 일고 별에 바람이 스치는
4월에 희망을 품으라 말하네

잠시 체류한 하늘 꽃비
여윈 모습에 부축받으며 떠날지라도
착근한 첫사랑 꿈길 꽃비는
선명한 흑백사진으로 내 가슴에 박제가 되네

이례적인 역주행 자연도 시샘한 듯
차갑게 변심한 춘풍이

쌩하고 내 머릿속에 수갑을 채우며
옷깃을 여미게 하네

나는 그런 봄비가 좋더라

흙을 쓰윽 밀면서 생살 솟게 하는
동백꽃 입술 봄비

휴대폰 속의 '그댄 봄비를 무척 좋아하나요' 노래는
삶의 음계를 조절하듯 실개천을 부풀리고

대지에 떨어지는 실크 같은 단비는
태초의 피아니스트 건반이 되어
대지에 납작 엎드려 켜켜이 새순을 내린다

세상에 찌든 뻥 뚫린 마음의 외피는
새순 잎사귀 사이로 입을 맞추고

땀 냄새나는 평범한 일상의 밀어는
메마르고 척박한 대지에 생명수가 되어
촉촉이 적시는 봄의 전령 하사품을 뿌린다

갑자기 연두색 새순들이
청정에너지를 머금은 팝콘이 되어 주렁주렁 매달린다

아침이슬같이
살짝 웃음 짓는 양재천 버드나무는
물안개처럼 촉촉이 젖어
온 세상에 희망을 배달하고

고졸古拙한 풍취의 한줄기 봄비는
온 세상 기지개를 켜는 단비가 된다

창문에 어른거리는 모자이크 얼굴은
불현듯 묵직한 여운의 그리움으로 다가와

시가 되고 그림이 되어
그 서러운 봄비 속으로 걸어가는
추억의 레트로 선로 위에 선다

인생 비타민

오늘처럼 추적추적 비 오는 날이면
난 존재의 흔적인 그림자를 끄집어내
리스본 야간열차 같은 시간여행을 한다

그땐 그랬다
집집마다 대문이 없던 시절
성북구 돈암동 437번지

함께 젖으며
우산도 없이 천방지축 나대던
검정 고무신 어린 시절 친구들이
빛바랜 흑백 그림엽서가 되고 아련한 노스탤지어가 된다

진정한 우정은
우산을 씌어 주는 게 아니라
같이 비를 맞아 주는 뭐 그런 것이라 했던가

젖은 옷은 말리면 되니
비에 젖었다고 투덜대지 않고
찌든 때와 굶주림이 온몸에 주렁주렁 매달릴 때
내 마음의 면역을 키워 주던
유익균 같은 까까머리 친구야

느릿느릿 달리는 교외선 열차처럼
이제는 목청은 세월에 내주고
춤추고 노래하는 고래를 실천하리라

라일락꽃 향기가 마음 그물에 덜컥 걸리니
무채색이었던 세상이
마법에 걸린 듯 초코파이처럼 부드럽고 달콤하다

어느 봄날의 시간여행

내 삶의 외피인 쉼표가
절절히 필요할 때

말 못 하고 쫓기는 짐승처럼
내 삶이 간절한 치유를 원할 때

딱 맞춘 예복 슈트처럼
걷기 좋은 봄날에
나는 순례하듯 경배하듯 감성 여행 티켓을 끊는다

갈 곳 많아
과체중 육신의 엉덩이 한쪽 붙이기도
옅은 실바람에 마음 붙이기도 힘든
이 찬란하고 아삭아삭한 봄날

기암괴석 타고 흐르는 푸른 물과
바람에 부딪히며 신음하는 나뭇잎 소리
그리고 온 숲의 정취를
고스란히 피부로 느낄 수 있는 곳

황토와 피톤치드와
대자연이 온전히 하나인 나는

지금 자연에 마음 좌표 쉼표를 찍고
오렌지빛 아침 햇살의 세례를 받으며 걷는다

소나무와 다양한 야생화의 빼어난 숲의 경치가
새벽의 보석 별처럼 반짝이며
내 걸음을 붙잡는다

광휘의 태양 아래 보이진 않아도
발광하는 형광 생명체처럼
밝은 에너지의 별빛이 내린다
아니 별빛이 온몸에 쏟아진다

울 엄마

창 너머로 흩날리던
하얀 꽃잎 하나

나이테 주름진 이마에
스르르 사르르

안개처럼 살며시 피어오른
그 겨울날의 따뜻한 기억

눈 쌓인 골목길
타고 놀던 빈 포대 자루
반들반들 얼음길 미끄럼길 썰매길

내 눈빛 속 너울거리는
그해 겨울은 그렇게 동화가 되었네

철없는 아이들 놀이터 보안관 되어
골목마다 뿌린 연탄재는 울 엄마표 제설재

행여 넘어질세라 절절매던
천국의 울 엄마가 보고 싶다

이마에 툭 떨어져 녹아내린 그것은
꽃잎인가 아니면 두 눈에 맺힌 이슬인가

주루룩 주루룩 흘러내린 눈물
눈덩이 되어 쿵쾅쿵쾅 쿵쾅쿵쾅
텅 빈 눈빛으로 멍든 가슴 때린다

그리움

목련
나무에 피어나는 연꽃
이 얼마나 낭만적이고 몽환적인 꽃 이름인가

사무쳐 잊히지 않은 이름이 있다면
그것은 바로 목련이라

누구에게나 지나온 삶의 기억 저편에
자리 잡은 형상이 있으니

누구에게나 가슴 한편에 말 못 할 사연 한두 개쯤은
가슴에 품고 있나니

학교에서 배운 기억은 대뇌에 저장되지만
울 엄마에 대한 축적된 기억은
가슴에 저장되었나니

먼 아픔일 수도 회한일 수도 있는
아련하고 선명한 그 기억의 유장한 원형은
다름 아닌 그리움이라

'밥 꼭 챙겨 먹어라'라는
울 엄마가 보내온 문자는

생각의 퇴적층을 지나
에밀레종 같은 묵직한 울림을 긴 호흡으로 받는다

오늘따라
몽글몽글한 두부 넣고 팔팔 끓인
엄마의 된장찌개가 먹고 싶다
누에 실처럼 가느다란 미생이 떡국도 먹고 싶다

자식에게 부모란

어린 시절 부모는
생애 처음 맞이하는 절대자이자
가장 먼저 떠오르는
사랑과 보호의 원형질이다

무심한 세월은 그들을
독립의 인격체로 인도했고
아직도 품 안에 있다고 오인한 부모는 때론
마음이 닿지 않는 이방인이기도 하다

하지만 시간의 나이테를 지나
뒤늦게 부모를 가슴에 담아
눈물을 훔칠 때는

환하게 웃고 있는
부모의 영정影幀 앞에서다

같은 별의 다른 이름

같은 지붕 아래
부모와 자식은
서로 다른 시간이 흘러가고

식탁 위의 대화는
거대한 활화산이 되어
지진과 쓰나미를 몰고 온다

아버지의 언어는
바위처럼 무겁게 가라앉고
고개 숙인 자식의 침묵은 거품처럼 흩어진다

세대란 어쩌면
같은 별을 바라보지만
그 별이 서로 다른 이름으로 불리는 것 같다

내게도 애인이 생겼다

이른 아침
사슴 눈을 가진 그녀가
감미로운 혀로 나를 흔든다

지난밤 불면의 시간을 보낸 나는
꿈결 속을 부유浮遊 하지만

그녀의 각 잡힌 기상 점호에 굴복하고
결국 그녀와 뜨거운 포옹을 나눈다

전에 없던 낭만적 신세계를 경험한
우리는 조촐하게
아침 식사를 마치고

서로 온기를 교환하고
빛의 사파리를 즐기며 오전을 공유한다

잠시 재활용 분리하러 나가려 해도
딴눈 팔지 말고 자기한테만 집중하라는
눈빛과 행동이 역력하다
껌딱지가 따로 없다

하지만 나의 잔잔한 반려자고
소울이며 완벽한 캐미다

지난달 폭우로
달빛 별빛이 모두 함몰된 칠흑의 6월 29일에
우리 집에 입양된
생후 100일 지난 아기 댕댕이 말티푸 '토리' 얘기다

새로운 시작

좁디좁은 외다리를
아슬아슬 건넌 듯한 안도감이
아련하게 영적 결합체로 밀려온다

긴 국수 가락처럼
오랜 시간 동안 지상으로 내려온
봄볕을 온몸으로 흠뻑 적시며 경배하듯 받는다

세상 사람 모두가
끝났다고 생각할 때
새로운 시작점을 찾아내, 내 호주머니에 넣어 준 친구야

고착된 언어로부터 탈출하고
더 이상 덫에 걸리지 않는
여우가 되어야 한다고 힘주며 말했지

지금의 현실 중력에 대한
부드러운 무게와 경계가 밀려오니
나도 이젠 그만 툴툴 털고 다시 발길을 재촉해야겠다

속절없는 세월의 저장소를 향해
석양빛이 음각으로 물든
여기는 상춘객 탐방을 즐기며 느림의 미학을 체험하는
도심 빌딩 속 양재천이다

나를 기립 응원하리

방향이 틀리면 속도는 무의미하거늘
현실적 생태계 점괘를 들여다보니
나아갈 지향점은 분명하다

세상 사람들아
단순 철새라고 비난하지 마라
저기 저 날아가는 철새도
일정한 노선이 있음을 간과해서는 아니 되나니

시퍼렇게 날 선 숱한 번뇌에 스스로 묶인 나
흘러간 과거를 되돌릴 수는 없지만
찬란한 미래는 극강의 의지로 바꿀 수 있나니

그 울림과 공감의 동일 주파수로
마음의 부채를 갖고
네잎클로버 행운보다 일상의 행복인 세잎클로버로
하루의 시간표를 풍성하게 하리라

설사 할부 인생처럼 사는 현생이라 할지라도
마음속 깊은 곳의 시심을 자극하여
나는 나를 셀프 응원하리라

존재의 허망에 맞서며 마음의 근육을 키우고
축적된 초극의 동력으로
냉엄한 전선에서 진검승부 할지니

아득한 상념의 소실점을 여기까지 견인한 나
때론 멀리서 때론 가까이서 공명하는 가슴으로
내가 나를 기립 응원하리라

하얀 물수건
– 우리가 밤에 더 아픈 까닭

혹시 그런 기억이 있는가
낮보다 어두운 밤이 더 시리고 아팠던 기억을

또 이런 경험이 있는가
밤새 신열이 펄펄 끓어도
해 뜨고 정오 지나면 조금 나아진 신비한 경험을

풀방구리에 쥐 드나들 듯
누군가 곁에 있어 주었으면 하는 바람처럼
타인의 기억에서 사라지고
주위에 아무도 없는 외롭고 허기진 포식자의 밤

겨울 지나 새봄이 왔다고
마음이나 몸까지 봄이 온 것은 아니듯
모든 꽃이 핀다고 지지 않는 꽃이 없는 건 아니듯

크리스마스이브라고 모두가 즐거운 성탄절이 아니듯
그날도 앰뷸런스는 도로를 무한 질주하고
응급실은 피 흘리는 환자들로 아우성이지

우리가 밤에 더 아픈 까닭은
결국 아픔은 오롯이 혼자 감당해야 한다는 것이지

열이 나는 내 이마에
따뜻한 물수건을 갖다 대어 줄 사람

돌이켜 보면 우리에게도
소통하며 따뜻한 세상을 마음에 담은
사각형의 하얗고 작은 물수건이 있었지
엄마였고 아빠였고 형제자매였고
친구였고 그리고 이웃이었지

하늘로 솟구치는 가벼운 날개처럼
나뭇잎 흔들릴 때 피어나는
눈빛과 눈망울이 바로 그런 거였지

물기 하나 없는 단단한 슬픔 속에 스며들어
안개 무리를 이루는 뭐 그런거였지

오늘은 끌려온 달빛 별빛이
포근하게 영혼을 감싸는 따뜻한 밤이다

이념의 풀무를 고발한다

이념 화로 위
유튜브 풀무가 불타오른다

진보와 보수의 쇳덩어리를 달구며
끝내는 하늘까지 그을린다

불꽃은 붉은 혓바닥의 선동으로 번지고
거짓 뉴스는 댓글과 함께 바람에 실려
조회수라는 황금 알갱이로 환전된다

국가의 기둥이 허물어지든 말든
국민의 살갗이 찢겨나가든 말든

부나비들은 눈부신 화염에
스스로를 소신공양하며 환호한다

자욱한 연기 속 이념은
'좋아요'와 '구독'의 굴레 속에서
탐욕에 신전에 바쳐진 재물로 전락하고

표현의 자유란 가면 뒤의
사이비 아가리는
서민들의 뇌를 갉아먹고 숙주로 자란다

풀무에 던져져
재가 되버린 우리의 혼

언제까지 이 불구덩이를
침묵하고 방치할 것인가

별이 된 남매

행복은 강도가 아니라 빈도이니
어느새 호호호 하하하 어린 남매는 소년의 시간을 건너
맑은 영혼을 지닌 어른의 시간이 되었다
코흘리개 어린 시절
뒷골목의 햇볕과 넓은 광장의 바람을 입고 자랐으니

지금 남매의 꿈은
생명의 숨소리에 응축되듯
오랫동안 엄마 아빠의 온기로 남는다

오늘도 남매는 창가에 번져 오는 별빛과
시대를 비추는 거울이 되어
현재를 적립하며 서로 다른 명도와 채도를 만나러 간다

희망이라는 이름으로 포장한 욕망 덩어리를 봉인하고
삶의 애환을 공깃돌 삼아 저마다의 삶을
디딤돌로 또는 버팀목으로의 승화가
엄마 아빠의 눈동자에 스며드는 꿈이 아니던가

일상 속 작고 평범한 오늘의 남매는
마음으로 그려낸 절경이 하얗게 일렁이며
희망의 샛별이 되고 윤슬이 되어 빛난다

살찐 낙관보다는
가냘픈 희망의 누나별로, 동생별로

5월, 생의 외경

비 내린 후의 5월의 산야는
시가 되고 그림이 되는 풍경의 야외 갤러리가 되고

푸름의 터널 나무들 위로 얼굴을 내민 하늘은
찬란한 슬픔만큼이나 더 푸르고 더 싱그럽다

막 샤워한 듯한 파스텔톤 연두 산색은
어느새 뒷방에 자취를 감추고
화가 붓질의 숨결이 생생하게 느껴지는
초록의 물감이 쫘악 만산에 뿌려졌다

이 푸른 매봉산 자락에
잠시라도 손을 담그면
금방이라도 온몸이 초록 옥비녀로 물 들 것 같다

어제 아내가 아울렛에서 사 온
흰 운동화 발밑의 아주 작은 풀꽃에도
싱싱한 생명의 기운이 가득 차 있다

잿더미를 뚫고 피어난 꽃처럼
그야말로 삶이 온몸을 휘감으며 묻어나는
진정한 생의 외경이다

'뒷것' 김민기

10대 후반 한밤중에
우리는 심야 라디오 전파를 타고 은밀하게 만났다

밤새 별들과 대지가 속삭이며
잉태한 영롱한 보석 '아침이슬'

하루 중 가장 명징하고
맑은 아름다움의 상징이자 생명인 '아침이슬'

땅의 기운과 즉흥적 느낌으로 덧칠한
푸른 밤하늘의 열기가 서로 교호하고 만난
물방울 다이아몬드

시간이라는 청춘의 강을 건너
시대를 관통하는 탁월한 음유시인이자
정형화되지 않은 매력의 호소력을 머금은 가수

동시대 정신을 읽고
방향을 제시한 예언가이자 조용한 혁명가

꿈의 대화이자 순수 가치인
감히 우리 시대의 윤동주 '뒷것' 김민기

방금 삶은 옥수수처럼 그의 이름에 윤기가 어리는
그가 우리 곁을 떠나 하늘의 별이 되었다

혼밥 만찬

휴대폰 손전등을 앞세우고
산에서 내려와

어제 도곡 재래시장서 산
바지락 한 움큼 집어넣고
매운 신라면을 팔팔 끓였다

날이 많이 저물었는데도
하나둘 보안등에 빛나는 매봉산을 보면서
어둠이 마지막 남은 빛을 꿀꺽꿀꺽
집어삼키는 대자연을 보면서

허기에 지친 가슴속으로 파고드는
기다란 라면 가닥은 노랑나비가 돼
서정적 기억과 함께 팔딱거리며 입속에 들어온다

나는 저 멀리 반짝이는
푸른 별과 달을 거실로 유혹하고
토리와 함께 혼밥의 만찬을 즐겼다

그리움의 생채기와 함께
젊은 꿈의 고압 전류가 흐르는
활기찬 노년의 고즈넉한 밤이다

짧은 만남, 큰 깨달음

밝은 햇살이 가득한 법당
부처님께 드리는
내 마음 깊게 포갠 치성이다

탐욕과 사악함은
교만에서 나오나니

혈관 속 흐르는 깨끗한 마음으로
거만의 끈 싹둑 하면
누구나 부처 웃음 관세음보살

인간 애증의 역사가 켜켜이 쌓여 있는 사바세계에서
부질없이 함부로 두 손 모으지 마라

목어 든 동자승은
영혼을 저당 잡힌 듯 잠이 들고
오고 가는 풍파 속에 지새는 나날이여

합장된 두 손으로 백팔번뇌 엎드리니
신도는 아니어도 오늘은 불자로고

모두가 적멸하는 짧은 만남, 큰 깨달음
이게 바로 불자들 가슴에 달아 주는
팝콘 터지듯 피어나는 연꽃 치성이 아니겠는가

추억의 신촌 다방

도라지 위스키 한 잔을 파는 곳
가수 최백호가 소환한 그 시절 다방

가슴에 남고 입에서 되뇌는
노랫말이 흘러나오고
그야말로 옛날식 공간에 앉아
금방 휘발해 버릴 낭만을 사고파는 곳

나름대로 멋 부린
빨간 립스틱 한복 마담과 '레지'가 있던 곳
그리고 저마다
황금비율의 레시피 분말 커피를 팔던 곳

20대 학창 시절 어느 겨울날
달걀노른자 동동 뜬 쌍화차의 기억
우리는 어디서 왔다가 어디로 가는가

스타벅스와 카페베네에 짓눌려
산소마스크 쓰고 저편 구석에 처박힌 옛날 그 시절
매혹적인 스토리텔링 서사가 있던 다방이
마치 인두로 지진 것처럼 기억 속에 생생하다

찻잔의 온기가 식어갈 무렵
초록색 쉼표를 찍으며
나는 촉촉이 젖은 눈으로 다방을 나왔다

한입에 달달한 사치와
복고적 향수를 한 움큼 머금은 채

작고 예쁜 느린 새

나는 매봉산이다
수천의 발길이 내 품에 안기고 밟고 갔지만
그녀만큼 조용하고 숭고한 발걸음은 없다

그녀는 매일 딸의 손을 가슴에 품고 온다
그 손은 마치 세상에서 가장 고요한 나뭇가지 같다

나는 딸의 거친 숨을 맞추기 위해
그녀의 거친 숨을 접어 넣는 모습을 매일 본다

나는 딸의 눈높이를 맞추기 위해
그녀가 무릎을 땅에 대고
모성애를 옮기는 모습을 매일 본다

나는 두 모녀를 볼 때마다
생의 경외를 느끼고 한층 더 푸르러진다

일흔 후반 나이의 그녀의 딸은
날개 대신 엄마의 손을 달고 나는
50대 초반의 느린 새다
오늘도 그녀는
딸의 옆에 앉아 자기 시간을 벗어 준다

그녀의 딸은
빛도 말도 그리고 사람의 표정도
아직 '어제'를 나는 작고 예쁜 느린 새다

침묵을 사고파는 사람들

말하기 싫으니 까만 마스크가
듣기도 싫으니 하얀 귀마개가
얼굴 보기도 싫으니 검은 안대가

삭막한 실존의 깊은 늪에 유기된
각 잡힌 짙은 흉터 같은 세상에
마치 정신적 당뇨병에 걸려 질식사할 것 같다

영혼이 흔들릴 만큼 현란한 말들이
이제는 터널 속 소음이 되어 버린 세상

급기야 돈 내고 묵언 수행하는 시대
2시간 침묵과 드립 커피 한 잔을 1만 원에 샀다

1분 1초도 가만히 놔두지 않고
온갖 파장이 확대 재생산하며
들들 볶는 전쟁같이 시끄러운 현실

조용한 공간에 있다고 조용한 게 아니듯
귀로 들려야만 소음은 아니다
날 좀 보라고 소리 없이 아우성치는
껌딱지 휴대폰 속 낚시 같은 수많은 메시지

승자의 율법이 지배하는 정글의 서식지에
거미줄처럼 촘촘하게 연결된
사람 잡는 관계망 사회

메탄가스 공해처럼 느껴지는
무익하고 상투적인 겉치레 립서비스

"우리는 말 안 하고 살 수가 없나
날으는 솔개처럼…"

시대의 생생한 감각을 코일에 감긴 전류처럼
노랫말에 흘려보낸 40여 년 전
가수 이태원의 유행가 가사가
다시 재조명되는 5월의 정오다

무덤을 지나면서

나는 매일 새벽 체조하러 집을 나선다
국민연금처럼 노후에 쓸 근육 연금 적립하러

100kg의 눈꺼풀과 베틀게임 하며
원형광장을 지나 매봉산 정상에 오르려면

세상의 모든 빛을 차단하고
삶과 죽음을 치유하게 뒤돌아보게 하는
작고 초라한 무덤 한 곳을 지나야 한다

아마도 이곳 유택 주인장은
살아생전 또 누군가의 애틋한 가족일 터
이곳은 먼저 떠난 가족에게 줄 수 있는
마지막 사랑이 스며든 고귀한 공간이라

세월의 강을 건넌 초자연적인 힘은
인간을 평등하게 만드나니
누구나 한 줌의 자연으로 돌아가게 하나니

오늘처럼
무거운 잿빛 구름이 어깨를 짓누르고
나뭇잎 촉촉이 젖은 날에는

영원한 침묵으로 영생을 누리는
볼록 동산이 남다른 의미로 다가온다

삶과 죽음의 경계에 대한
겸허한 성찰이 필요하다고
오늘따라 물 묻은 낙엽이 무겁게 밟힌다

2부

청포도 마실

절절한 그리움이
화선지 먹물처럼 번지는
느슨해진 여름밤의 저녁 시간

야수파 수채화 속 여인 눈망울처럼
마음 저편에 꼭꼭 숨겨둔
내 마음의 빛깔 같은 매봉산 보안등에
쏴아 쏴아 쏴르르 불이 번진다

어둠이 드리운 원형광장에
엄마 닮은 둥근 달빛 덩어리가
공기 입자로 조명되어 내 품에 안긴다

오래전 묻어 두었던
날카로운 트라우마에
양은 냄비처럼 식어가던 열정에

아직은 살아 있는 촉촉한 밀물 감성이
깊게 불타는 초록의 환희와 함께
산바람에 속절없이 떠밀려온다

내 안에 쟁여진
과거 기억의 원소인 추억이
새록새록 돋아나는

별빛 낭만의 여름밤은
내 곁을 지키며 이렇게 깊어만 간다

오늘은 청포도가 익어간다는 7월의 초하루다

7월 초여름 밤의 꿈

새소리에 일찍 이불을 개니
창밖은 아침부터 비가 주룩주룩 수직 낙하하고 있다

시원한 샤워를 즐기는 듯
초목은 탱고 지르박이다

아직 성년 여름은
저만치 지켜보고 있는데
철렁이는 초여름 신록의 꿈은 하룻강아지처럼 야무지다

오후에 매봉산을 대청소한
빗방울은 뽀얀 수증기가 되고

차향보다 숲 내음이 더 그윽한 은빛 햇살은
펄펄 뛰는 숭어처럼
내 가슴의 원초적 생명력을 대변해 준다

제법 더운 바람은
내 두 뺨을 간지럽히고
그리움이 촘촘히 박힌 첫사랑이 뜬금없이 고개를 내민다

초여름 햇살도 6월이라고
제법 훈풍의 열기를 내뿜는다
불현듯 아이스아메리카노와 코카콜라가 경쟁을 한다

또다시 코를 찌르는 비릿한 물 냄새
오늘 한바탕 더 빗줄기의 진수를 보이려는 듯

나는 습기 찬 상념을 뒤로하고
내 안에 햇살처럼 빛나는
채색된 그녀의 눈빛에 젖어 여름밤을 그렇게
흐느적흐느적 그리움으로 보내나 보다

팝콘 같은 아카시아꽃

아카시아 꽃향기가
떼 지어 둥둥 떠다니는 매봉산 늦봄

아카시아 꽃향기에 몸을 맡기고
나는 아득한 천리향의 몽환적 시간여행을 떠난다

눈꽃보다 하얀
순백의 영혼을 옆에 차고
허공의 습기로 후다닥 아침을 때운다

시리도록 살타는
팝콘 같은 하얀 그리움은
그때 그 시절 추억 속으로 나를 번개 소환하고

오늘도 사랑의 밀어 꼬불쳐 놓고
이슬같이 영롱한 달변의 혓바닥으로
바람 그네 타고 달리는 쪽빛 창공에 무지개를 만든다

내 안에 꼭꼭 감추며 살아온 '벽장 속 해골들'
이젠 하늘에 경배하듯 이슬에 두 발 적시며

빠른 세월에 나도 모르게 청춘을 저당 잡히고
아카시아 꽃향기 주렁주렁 그대로 택배 보낸다

소낙비의 경고음
- 이제 그만 내려놓아라

무슨 놈의 비가 새벽부터
KTX보다 빠르게 질주한다

성미 급한 올여름은 산문시 같은 빗소리로
1초라도 빨리 대지의 신에게
입맞춤이라도 하고 싶었나 보다

멍 때리며 무채색 망막에 펼쳐진
창밖의 숲을 보니 싱싱한 숲 가지 마디마디가
바로 내 손에 뚝뚝 닿을 것 같다

갑자기 안방에서 돌고래 비명 소리가 들린다
'봄이 좋아, 비 오는 초여름이 좋아?'
자다가 봉창 두드리는 소리다

난감하다 누굴 더 사랑하는 자식인지 묻는
가히 킬러 문항 수준급이다

나는 얼음 밑으로 흐르는 강물처럼 못 들은 채
여름 바람에 실려 오는 선율의 향연에만 집중한다

대성통곡하며 내리퍼붓는 소나기는
그저 그런 노년을 맞은 나에게
한 겹 두 겹 칭칭 둘러싼 욕망의 껍질을 벗으라고 한다

뜯어고치고 할퀴며 덧칠한
고단한 삶의 궤적을 이제 그만 내려놓으라고
주르륵 주르륵 경고음을 보낸다

그래서일까 시간의 두터운 지층을 깨고
내 가슴속 죽비가 용병처럼 뛰어 들어와
싱싱한 진통제로 스펀지 한다
마치 손흥민 선수에게 직접 축구를 배우는 것 같다

감사의 두 손을 모으며

오늘 동네 조기회 회원
모친상에 다녀왔다

살아 있음에 감사하고
푸른 하늘을 볼 수 있으매 경배하며
건각의 싱싱한 두 발에 고개를 숙인다

딸아이가 시켜준 KFC에 침이 고이고
아들애가 배달시킨 추억의 영양센터 전기구이에 감사한다

알곡이 된 성숙한 모습의
축적된 유장한 시간 속의 그 무엇이 되고 싶기에
가만히 내 마음을 들여다보고 귀를 기울린다

마음을 비우면 모두가 애메랄드 천상인 것을
저인망의 어둠이 밀려올 오늘 밤에도
매봉산 너머 반짝이는 무료 별빛 콘서트를 보며

사랑하는 가족에게
펄펄 끓은 가슴의 열기를 담아
현대의 상형문자 이모티콘을 보내야겠다

내가 있어 우주가 존재하는 이 엄연한 사실 앞에
오늘도 순도 높은 삶의 몰입을 시도해 본다

위대한 깨달음

'평범한 것이 얼마나 소중한지
벼랑 끝에 서서 보면 안다'라는
가수 리아킴의 '위대한 약속'의 가사가 전파를 탄다

고개를 끄덕이며 무릎을 치며
내 몸의 정교한 세포들이
가수의 가사에 한 표 얹으며 예스 예스를 연호한다

노래는 오늘을 사는 모든 이의
바람이고 의지이고 메시지일지니
예측 가능한 평범한 삶이 얼마나 소중한지
가사는 매를 든다

고통을 넘어 시간의 선물인 양
어느새 마음속에서 슬그머니 가벼워진
수천 톤 무게의 부채를 다시 소환해 옆구리에 찬다

자연과 계절의 변화가 스며드는 숲속의 오후
총총히 빛나는 별밤 하늘을 기대하면서

시원한 하이볼 같은 하늘의 생수를 기대하는 것은
마치 진흙 보살이 강을 건너는 것만큼 난해한 것일까

오랜만에 집에 온다는 독립한 아들의 카톡을 보며
불금 오늘 밤 전개될
시끌벅적한 삼겹살 파티 플레이 버튼을 미리 눌러 본다

흠뻑 젖은 백운산에 안기며

3시간 30분을 관광버스에 지불하고
강원도 정선 백운산 마천봉에 오른다

오는 길 간간이 차창을 두드리던 빗방울은
마음씨 비단 회원이 마련한 김밥과 함께
도착쯤엔 제법 통통한 빗줄기로 변했다

무릉도원 길과 자작나무숲을 온 가슴에 품고
휴머니멀 치유의 트레킹을 시작한다

처녀림 자연 속에서 누리는 이 영적인 시간
삶에 쉼표 하나를 더해 주는 기분과
싱그러운 태고의 비경에
어느덧 나는 초라한 한 그루의 나무가 된다

풀벌레 소리, 바람 소리, 빗소리
원시림 계곡에서 봄을 부르는 물소리
가만히 걷는 것만으로도 잔잔한 감동의 온전한 삶이다

눈 앞에 펼쳐지는 과거와 현재의 판도라 같은 콜라보
초록 비와 함께 가는 자연 휴양림 산행은
색다른 경험이다

태고의 산을 감싼 짙은 안개가
아침 햇살에 밀려 걷히고
송골송골 맺히는 땀방울과 빗방울이 교차하는 이곳은
백운산 운탄고도 하늘길이다

레트로 버전

식당은 키오스코인지 뭔지로 주문해야 하고
집에서 뭘 시켜 먹으려 해도
쿠팡이츠인지 뭔지를 알아야 한다

동시대의 우리는 서로가 서로에게 서리고 배인
목수 같은 삶이 있을진대

왠지 나도 모르는 미세한 파동이
잊지 못할 시각적 경험과 함께 서로의 시간에 빚진 듯
가슴을 여과 없이 관통한다

인간의 촉촉함이 전원인 아날로그를 어루만지며
마법의 휴대폰이 쏘아 올린 이상李箱의 '오감도' 문법처럼
도파민과 공회전의 미래를 상상한다면

나는 과거 트랩의 견고한 낚시에 제대로 낚인
필름 끊긴 노땅 레트로 버전인가

하지만 눈부시게 맑은 하늘이 손에 잡히고
인정을 태우고 달리는 버스에 타고 있는 지금이 나는 좋다

그래서인가
나는 오늘도 변하지 않는 나만의 방식으로
유장한 세월의 몸이 기억한 방식으로 꿈틀거리고 산다
곁에 있는 굼뜬 아내도 마찬가지다

아내의 부재

오늘 아내는
몇 달 전부터 벼르고 벼르던 해외여행을 떠났다
더 늙기 전에 여고 동창생들과 수학여행을 간 것이다

그 시절 10대 소녀가
이제 60대 후반의 소녀로 빙의한 것이다

공항버스 정류장에 데려다 놓고
룰루랄라 하며 급히 집에 돌아왔다

야호. 해방이다
갑자기 집 안 공기의 산소포화도가 급상승한다
자유부인이 아닌 치기 어린 자유남편이 된 것이다

보이지 않는 시간마저도 즐거운지
머물고 싶은 배타적 공간이 아내가 없는 그 '틈'이란 것에
신규 입주 아파트 올 수리 확장한 것처럼 급팽창한다

일어나는 시간이 아침 기상 시간이요
배고파 밥 먹는 시간이 식사 시간이다

창밖의 새소리 아이들 장난치는 소리 빼고는
내 귀를 적시는 어떠한 노이즈도 없다

수능 마친 수험생, 전역한 군인, 석방된 죄수
그리고 나를 동일한 카테고리에 포함하는데
주저하지 않는다
그런데 뭔가 이상하고 허전하다 뭔가 빠뜨린 거 같다

여행 떠나는 아내를
공항버스 정류장에 내려놓고
불꽃처럼 타오르던 해방감이

갑자기 머릿속에 복잡한 지도가 펼쳐지면서
식은 재가 되고 피어오르는 물안개가 된다

졸지에 독거 남편이 된 것이다
뷔페식당에 가면 벨트 두 구멍 정도 늘려놓고
마감 시간까지 폭풍 흡입하며 먹을 줄 알았는데
헉, 음식이 너무 많아 겁먹고 링에서 바로 내려온 느낌이다

점점 다가오는 저녁 식사가 신경 쓰인다
내일 아침도 문제다

장장 10여 일간 나는 자유로운 벙커에 연금되고 말았다

다행히 집 근처에 사는 딸내미가 있음에
가슴을 쓸어내린다

아내의 부재. 지금 내가 잊은 소중함이 무엇인지
한번 떠올리게 되는 삶 속에서 찾은 깨달음이다

어서 와 우리 댕댕이

오늘 밤 출가한 딸내미 손에 이끌려
설렘의 그녀가 찾아왔다

달빛과 별빛이 폭우에 함몰된
칠흑 밤의 빛나는 서프라이즈다

엄마 아빠가 말티즈와 푸들인
아기 말티푸 '토리' 얘기다

아빠 백수 위로 기념으로
딸이 선물한 고귀한 생명체

일상의 모든 순간을
함께 공유할 우리 집 최애

아가야 수줍어하거나 쫄지 마라
이젠 너의 전용 홈그라운드니까

뭐라고 옹알거린다 그리고 스윽 내 손목을 핥아 준다
간지럽고 따뜻하다
마치 물 위에서 부유하는 몽환적 느낌이다

주체할 수 없는 희열과
내 마음을 붙잡고 삶을 독려하는
여러 빛깔의 증폭된 감정들

그냥 보고만 있어도 단팥빵처럼 정겹고
눈이 시원해지는 마법의 천연 토비콤이다

쓰담쓰담하며 가슴에 담아가고 싶은 너
힐링과 작은 사치 누리며 오랫동안 동행하고 싶다

목욕도 시켜 주고 발톱도 깎아 주는
이 작은 생명체의 최측근 집사가 되리라

색의 향기와 질감은 다르지만
슬그머니 입꼬리가 올라가는 풋풋한 나의 가족아

삶의 고통도 인연의 그리움도
네가 순삭하는구나

긴장되고 피곤했나보다
벌써 스르르 스르르 새근새근한다

오늘은 축복과 환희로 입 안을 적시는
우리 집 댕댕이로 입적한 6월 마지막 토요일이다

나는 오늘도 황혼의 반란을 꿈꾼다

검은 구름이 밀려와
후드득 후드득 빗방울인가 했더니

금세 주룩주룩
온 세상을 물걸레처럼 질펀히 적신다

섬광같이 흘러간
지난 세월의 기억 조각의 편린들

내가 노년에 들어 알게 된 것은
지금이 새벽 미사와 같은
최고의 청량하고 명징한 순간이라는 것이다

거울에 비친 은빛 머리가 드리워진
세월의 훈장 주름과 거칠고 투박해진 손마디

풀잎이 첫 이슬방울 기다리듯이
세월이 흐르면 누구나 맞이하는 삶의 숭고한 변화다

삶의 터미널을 향해 유유히 걸어가는 그들은
축적된 유장한 시간이 공증하는 신재생에너지의 보물이다

늙음은 자연스러운 자기 구원의 서사이자 삶의 단계이니
그들은 오랜 세월에 걸쳐 자신의 길을 개척해 온 앤티크다

나는 잃어버린 것을
불면하며 아쉬워하는 대신
작지만 가진 것에 집중하는 단순한 삶을 택하리라

다양한 파동의 감정이 휘몰아치는
카타르시스와 노블레스 오블리주를 지키며

푸른 광야의 감정 스펙트럼에
선한 영향력과
비무장 청량음료를 칵테일 하고 싶은 여름밤이다

오래된 자리 군데군데 고인 빗물이 거울이 되고
희미한 별무리가 되어 사부작사부작 반짝인다

반짝이는 별빛을 청혼 반지 삼아
별님은 달님에 심야 프러포즈하는 것 같다

뭐, 우리 댕댕이가 '물건'이라고?

오호통재라!
민법 제98조에 따라 반려동물인
우리 댕댕이의 '기름기 쫙 뺀' 법적 지위는 물건이다

오늘 나는 소위 '물건'인
우리 댕댕이 '토리'를 품에 안고
눈을 맞추며 생애 처음
집근처 'OK 동물병원'의 문을 조심스럽게 두드렸다

일반 병원처럼 진료실도 있고
프런트엔 간호사도 있었다
하마터면 어디까지 의료보험 되냐고 물을 뻔했다

현재 반려동물 양육 인구 약 1,500만 명 시대
개만도 못한 국개國犬의원들의 이전투구로
먼지만 한 바가지 뒤집어쓰고 있는
'반려견 법적 지위에 관한 개정안'

우리 가족의 소중한 오브제이자 기쁨의 진앙지이고
환희의 생명체인 우리 댕댕이 '토리'는
결코 물건이 아니다

나는 병원문을 나오면서
내가 신비한 물빛의 댕댕이가 되는
푸른 판타지 상상을 해 보았다

다양한 일상과 소중한 추억을 함께 동행할 존재
반짝이는 사슴 눈의 보석을 품에 안고
딸과 함께 집에 걸어오는 동안

내내 사랑하는 '토리'에게
너무 미안하고 부끄럽고 안쓰러웠다
순간 곁에서 묵직하고 깊은 울림의
보신각 종소리 환청이 들려온다

"아빠. 우리가 대단한 사람을 '물건이야 물건' 그러잖아
바로 우리 '토리'가 그 대단한 물건이야
그러니까 물건 맞어, ㅋㅋ"

와! 수련睡蓮이다

진흙에서 갓 부화한
한여름의 전령 연꽃이여

번개 타고 하강한
하늘 단비로 세수한 듯

그대의 정갈하고 청아함은
비할 데가 없구나

나무에 피는 연꽃이 목련이라면
물속에 피는 그대는 수련이라

꽃과 잎 모두 수면에 입맞춤하는
그대 향한 눈 호강은 천연 도파민이다

오전에만 잠시 외출하여 피었다가
오후엔 잠자는 도도한 숲속의 공주

고고하고 영롱한 자태여서 그러한가
아니면 홍진에 신모身貌가 더럽힐까 그러한가

멈추면 비로소 보이는 것도 있지만
보이면 멈춰야 하는 구간도 있듯이

연꽃 군락지 있는 파주 옛 사무실 지나치다
임의동행 형식으로 사로잡혀

잠시 지난날의 삶을
멀찌가니 반추해 본다

오늘 하루 온갖 상념
모두 하차시키고

언감생심 한 송이
연꽃 되어 볼까 생각해 보니

신앙만큼 두터운 미학으로
승화된 그대는

내가 결코
연꽃이 되질 못 할 걸 뻔히 아는지
하늬바람에 그네 타며
무심히 나를 쳐다보는구나

엄마라는 신화의 송가

'어미 범고래가 죽은 새끼를 업고
시신이 해체될 때까지 헤매고 다니더라'라는
기사를 본 적이 있다

극한의 한계를 강요하는 세상에 맞서
무수히 다가오는 절박한 삶의 현장, '오늘'

흔들리지 않고 표류하지 않고
가슴 졸이지 않고
짙푸른 바다를 항해하는 배가 어디 있으랴

영화보다 더 생생하고 미묘한 감정선으로
고통을 공깃돌 삼아 피 끓던 절실함의 힘

그 시절 나였던 그 아이는 지금 어디 있을까
아직 내 가슴속에 있을까 아니면 저 멀리 사라졌을까

진심을 담으면 구름도 칠판이 되고
깊은 바다 밑에서도
백만 송이 푸른 산호초로 부활한다는데

내 몸의 그림자마저 절망의 늪에서 허우적거릴 때
들려오는 액화된 천상의 목소리

'아들아, 이 또한 지나가리라This, too, shall pass away'
종교에 가까운 절대적 믿음
바로 엄마라는 신화가 갖는 힘이다

애틋함이 지진해일이 되어 밀려온다

난 언제나 여행을 꿈꾼다

가장 눈부시고 찬란한 노출의 계절
바야흐로 흠뻑 젖은 한여름이다

나는 나를 궤도 밖으로 일탈시켜
먼 바닷속 사금을 캐듯 쉼표의 여정을 시작한다

낯선 땅 윤슬이 반짝이는 강과 바다
잔잔한 청록색 수면 위로 구름에 싸인 산봉우리

시원한 파도 소리와
먹자골목의 색바랜 간판들의 모자이크
그리고 그리움과 원망이 뒤섞인 지난날의 '두고 온 여름'

여름은 삶의 여백을 채우는 보석이요
땅 위에 쓰는 한편의 대서사다

여행이 냉장고에서 막 꺼낸 하이볼인 이유는
그 시작과 끝에 돌아갈
소중한 일상이 기다리고 있기 때문이다

비록 회귀하는 일상의 속도는 제각기 다를지라도
시간은 어떤 방식으로든 자국을 남기게 되는 법

최근 설치한 내비게이션도 어느 땐 만취로 비틀거리고
물바다인 대양의 바닷물도 빗방울에 젖는데

하물며 인생 초행길인 우리에게
어찌 완벽한 지도와 좌표가 존재하랴

바구니에 가득 담은 포푸리 향기처럼
난 오늘도 백팩을 맨 푸른 시간여행을 꿈꾼다

지금 이 시간 창밖의 무성한 초목들은
추억을 불붙이며 나목의 자세로 샤워 중이다

한 여름밤 익어가는 시간의 촉감

익어가는 세월은
삶의 여적을 장독대의 젓갈처럼 발효시킨다

과거는 실선인 지금 이 순간의 미분이며
미래는 지금 이 순간의 적분이다

불측과 젊음의 계절인 여름
그리움과 원망이 엉겨 붙은 지난날의 추억
무더운 여름에도 때론 따뜻한 위로가 필요하다

나는 두터운 삶의 흐름에
결국 조응하게 되고
세월의 두께를 이끼로 두른 바위처럼
찰나에 대한 태곳적 성찰을 무한 확장한다

세월의 거친 파도는
오늘도 끊임없이 반복되지만
그 파도를 심연 속마음 상자에 담는 건
나에게 주어진 고유 영역의 특권이다

퇴직이란 현재가 문 앞에 당도하니
자유라는 이름의 미래는
조마조마하고 팽팽한 긴장의 줄을 이완시키고
편안한 목가적 쉼표의 여유로운 시제가 된다

산과 바다가 아닌
내면을 향한 나만의 달빛 별빛 여정이다

마음에도 수채화 같은 수은주가 있듯이
겨울보다 추운 실내에서 서로의 어깨를 감싸 주는
온기의 언어가 있다

짙은 숲 내음과 매미의 절규적 세레나데를 들으면서
초록 빛깔의 향연으로 가장 눈부셨던
지난주 찬란한 왕방산 계곡이 일출처럼 떠오른다

그런데 아직도 초록빛 자연이
내 곁에 스며들어 두 눈을 가득 채우고 있는 것 같다

나는 그걸 천년의 고독이라 부른다

언제부턴가 혼밥 혼술이
일상이 되어 버린 세상

내가 그어 놓은 투박한 실선이
나의 한계를 오롯이 정의하듯

허름한 침대에 등짝이 달라붙어
오늘 할 일을 내일로 미뤄도
벌점 테러 하나 없는 천하태평 백수는

아무와도 함께 있지 않은 단절된 골방서
나만의 익숙한 방식으로 홀로 행복의 고통을 느끼며
그런 휴식과 이완의 배타적 공간을 만들어 간다

고독은 또 다른 내면의 나와 함께 있으매
최고의 수문장 되어 그림자보다 더 가깝게
과거와 현재를 잇는 시간여행의 어깨동무가 된다

눈 붉게 충혈된 군중의 술 마시지 않아도 되나니
설사 벗어날 수 없는 천형이라 할지라도
내 감정의 미세한 결을
조용히 스캔할 수 있는 천금 같은 친구라

세상 한켠에 툭 떨어진 이방인처럼
한번 주사로 평생 면역 파상풍처럼
외로움 주의보 발령 봉인된 것이 있으니

이는 내 속에 숨은 동심 같은 추억의 나를
만나는 신성하고 작은 리추얼이며
내 삶의 깊이를 혼자서 줍줍하는
질량 100% 가득한 고독이란 백신이다

3부

가슴 속의 고드름

우리가 꿈꾸는 유토피아는
과연 어떤 모습일까
뜬금없는 인문학적 질문을 던져 본다

가을의 문턱에서 한눈파는 사이
청춘을 어디엔가 두고 내리고
때론 서러워서 왈칵 눈물 쏟은 적도 있지만

되돌아보면 결빙되고 풍화된
할부 인생 내 삶에도
생명의 기운이 뻗치는 해거름의 눈부실 때도 있어라

내 관절 깊은 곳에 속살을 꼭꼭 감춘 외로운 나
다소 밍밍해도 구수하고 깊은 맛에
속이 편한 숭늉 같은 사람

평범한 것에 가치를 두고
선한 영향력을 행사하는 남성당한약방 '김장하 어른'처럼

나는 오늘 내 머릿속에 갇힌
루틴을 벗어나 혼자 코인 노래방에서
김민기의 '아침이슬'을 커튼콜한 나를 영접하고
또 다른 나의 가슴에 풍경을 달고 돌아왔다

9월이 오면

9월의 달력이 넘어오면

'주여, 때가 왔습니다 여름은 참으로 길었습니다'로
시작하는 라이너 마리아 릴케의 시가 끼니처럼 꿈틀거린다

뚝딱뚝딱하면서 입추역과 처서역을 경과했으니
달력은 분명 가을이건만
뜨거운 바닷물은 '어떡하지, 어어' 하는
물고기들을 통째로 삶는다

마치 기저질환의 압축파일에 저장되어 있는 듯
자도 잔 것 같지 않고 깨도 깬 것 같지 않으니
내 시간은 분명 다른 누구의 시간과 다르게 흐르는 것 같다

나는 순간 속에 영원을 사는
삶의 벼랑 기본값에서

찰거머리처럼 끈적끈적하게 달라붙어 있는 늦더위에
간신히 삶의 기어를 바꾸고
감미로운 서정의 서늘한 가을을 기다린다

그러면 그렇지
가을의 전령 노랑 코스모스는
파란 하늘과 대조를 이루고

귓가를 스치는 서늘한 기운은
내 어깨와 목덜미를 타고 스멀스멀 올라온다

이제 여름은 기억의 저편으로 강제 퇴역하고
녹취록처럼 선명한 꽃보다 화려한 나뭇잎들은
겨울을 예열하기 전에 형형색색 수채화의 향연을 펼친다

발밑의 바스락 낙엽 소리를 눈으로 느끼며
아침저녁 서늘해진 공기에서
시몬이 되어 그리운 가을 냄새를 찾는다

가을 문턱에서 우린 이별을 하네

서로가 서로를 차갑게 외면하며
된장찌개를 김치찌개라고 우기는 세상

다른 건 모두 복리로 휘발되어도
님의 헌신적인 봉사는 인두로 지진 것처럼 기억에 남네

오늘 우린 송파의 어느 바지락 칼국수 맛집에서
이별의 정찬을 했지
일렁이는 마음으로
까만 먹물이 하얗게 마르도록
맥주병과 소주병을 쌓아가며

특별한 울림의 매봉조기회 추억들의 식감은
바삭한 감각으로 출렁이며 밀물처럼 올라와 눈에 고이네

정전이 된 듯
퓨즈가 끊어진 듯
빈집이 된 듯
거대한 슬픔이 이 여름을 가을로 견인하지만
푸른 들판을 산책하는 가벼운 마음으로
우린 가을의 문턱에서
석별의 정을 듬뿍 담아 님의 발자국과 잠시 이별을 하네

그러나 회자정리거자필반會者定離去者必返이라고 했으니
다시 하이파이브를 그리며 환희의 재회 그날을 기약하네

왜냐하면 우리 모두는 항상
땅에 시를 쓰는 마음으로
매봉산 정상 멈춰진 시간대 그 자리에 서 있으니
— 박경식 님을 기리며

아무튼 추석

시끌시끌 복닥복닥
전 붙이는 기름 냄새 온 집 안을 도배하고
지글지글 동그랑땡 몰래 한 입, 몰래 두 입

햇볕으로 염색한 빨간 사과는
하얀 은쟁반에 옮겨 담고
쫄깃한 솔 향내 송편은 온 식구 둘러앉아 세파로 빚어낸다

결실과 채움의 황금 들녘 저 너머로
낙엽과 비움의 역주행은
신기루 좇듯 헛헛함을 경험하는
대자연의 서글픈 아이러니다

달려오며 쩔쩔 끓었던 뻐근한 목덜미와
이마에 각인된 세월의 나이테는 바람에 풍장하고
옥양목같이 맑고 흰 휘영청 달빛은
한가위 보름달로 내 영혼에 순장한다

초콜릿을 혀끝에 아껴 먹는 동심의 아이처럼
올 추석 연휴는 홀린 듯 여무는
가을 수채화와 동승하고 싶다

풀잎에 부서지는 더운 바람이
넉넉한 한가위 둥근달을 툭 치며 접촉 사고 내니
새 신발 타령하며 다리 뻗고 '땡깡'피던
추석날 아침 오리입 어린 시절이 소환된다

징글징글 불타는 염천의 올 갑진년 추석은
영원히 여름의 추석으로 마음속에 기억되는
어쩌면 여름 추석 하석이라고 명명해야 맞을 것 같다

추석이 지난 오후

추석도 끝났겠다
'토리'랑 산책하러 현관문을 박차니
아직도 열대야 불볕더위가 강력계 형사처럼
떡하니 버티고 서 있다

추석 날씨가 정말 이래도 되는 건지
폭염에 지쳐 예민해진 내 안의 표범에
냉수 한 사발 벌컥벌컥하고
오늘 하루를 복기해 본다

추석을 지내고 난 오후는 마치
스마트폰의 자극적인 쇼츠의 피로감처럼
소문난 잔치 뒤의 탈진한 공허함처럼
노골적 대화가 난무하는 파티의 끝자락 같다

그래도 올해가
우리 생애 가장 시원한 여름이 될 거라는
기상 캐스터의 섬뜩한 겁박 예언은
나의 등을 자객의 습격을 받은 듯 강하게 스매싱한다

내일은 비 온 뒤 폭염이 꺾인다고
24년 9월 19일자 동아일보 A12면 지면을
할애했지만 과연 그럴까
지금 하늘은 하얀 새털구름의 향연으로 축제 분위기이다

나는 소망한다
'하늬바람이 불면 곡식도 모질어진다'는
속담이 헛되지 않기를

맑고 선선한 서풍이 내 등을 도닥여 주는
가을 생명의 즐거움이 양재천에 흐르는 윤슬처럼 빛난다

빼앗긴 가을에 내가 할 일

'일평균 기온이
20도 미만으로 떨어진 후
다시 올라가지 않는 첫날'을 가을 시작일이라고
챗GPT는 말한다

늦더위 여파로
올해는 '더운 10월'과 강제 동행해야 한다니
이제는 채 두 달도 채우지 못할 가을이

속사포 래퍼처럼
잠시 간이역으로 우리 곁에 있을 것 같다

존재감을 드러내는 서늘한 공기와
출렁이는 마음이 가을을 누리는 최고의 호사로
나의 여린 풍경을 촉촉이 적시고

속이 비치는
시스루 천에 드리운 가을빛이
마치 사춘기 열병에 달뜬 아이처럼 코끝에서 느껴진다

느림과 불편함에 무뎠던 무채색 감정이
노랗고 빨갛게 채색된 단풍잎에 눈이 촉촉해지는 것은
결코 노안 때문만은 아닌 것 같다

매봉산 자락을 낙엽 이불이 포근하게 덮은
오늘은 남은 내 생애의 첫날이다

웨딩 축시

불같은 열정이
그대들 심연의 파랑을 깨우고

윤슬같이 빛나는 보석이 서로에게 다가와
마침내 그대들은 서로에게 빛나는 별이 되었다

청명한 10월이 내린 결실과 축복의 날
위대한 자연은 그대들의 가슴에
사랑의 질량을 선물하노니

오늘 그대들은 가을 황금 들녘의 수채화가 되고
하루하루 행복의 음표가 되어
소울 넘치는 환희의 노래를 부르리라

이 순간부터 그대들은
아름다운 부부의 연으로

서로를 이해하고 서로를 덮어 주는
삶의 풍부한 변주를 통해

서로가 서로에게
영혼을 적시는 감동과 존경의 비타민이 될지니

신랑은 사랑하는 신부에게
신부는 사랑하는 신랑에게

서로를 평생 갖고 갈
위대한 상징 자산으로 기억하고
깊은 울림으로 서로의 행복한 삶을 큐레이팅하라

욕망과 탐욕이란 이름으로

무수히 많은 편린들이
'에라 모르겠다'라는 심정으로
무질서하게 모자이크를 이루는 광기의 세상

우리는 매일매일 짊어지는 혹독한 삶의 무게를
각자 '소리 없는 아우성'으로
녹이고 삼키고 있지는 않은가

심연에 일렁이는 일상의 빛을 뒤로하고
욕망의 흰쌀밥을 주식으로

웃음기 지운 얼굴의 블랙커피를 마시며
모래시계의 수전노로 살아가고 있지는 않는가

난세에는 코미디언들이 비극을 연기하고
해괴한 캐릭터들이 꼴값을 떤다는데

내면의 사유가 함량 미달인 우리 시대의 경박한
'어른 아이들'이
탐욕의 왕복 고속도로를 무단 점거한 요즈음
유한양행 창업자 유일한 박사처럼
영화 '죽은 시인의 사회'의 로빈 윌리엄스처럼

도대체 우리는 나이를 얼마나 먹어야
묵직한 여운으로 다가오는 진짜 어른이 되는가

TV 켜자마자 10배속의 고속 욕망 열차에 탑승한
'화폐 비축병'에 중독된 단체 승객들이
거실로 뛰쳐나오는 것을 보고

네덜란드 화가 니콜라스마스의
'노인의 식사 전 기도Old Woman Saying Grace'가
욕망에 찌든 나에게 무언의 묵상을 하게 한다

벼락처럼 다가온 청명한 가을 햇살이
콧등에 부딪치니

가을 전어 잘하는
동네 노포 '오동도'가 침을 만든다

세상에 시詩 아닌 게 어디 있나

세상천지 그 어느 누가
자기 발자국 하나 남길려고 험한 길을 걸어가나
그냥 걷다 보면 그게 자기 발자국 되는 거지

사람들은 내가 끄적끄적한 것을 시라고 말하지만
이 세상에 시 아닌 게 어디 있나
주위에서 시라고 부르니까 시인가 하는 거지

누구는 시는 왜 쓰냐고 턱밑에 들이대지만
아니 시 쓰고 싶으니까 그냥 쓰는 거지
무슨 특별한 이유라도 있나

세상사 살짝 고개 돌려보면
자연의 섭리대로 물은 흐르고 새는 날고 바람은 부는 것을
머리 빡빡 밀었다고 다 스님이고
왼팔에 성경책 끼었다고 다 성직잔가

한세상 헤집고 다니다 돌아와 보니
미완의 그럭저럭 삶도
삶의 한 형태이니 너무 안타까워하지 말자

스페인 파밀리아 성당은 설계한 가우디 사망 후
150년 가까이 지금도 계속 공사 중이지 않은가

그게 바로 녹색 행성에 잠시 피크닉 온
우리들 본연의 모습 아닌가

눈부시게 청명한 10월의 가을이 주는 시그니처 메시지
'오늘도 물은 흐르고 바람은 불며
사람 사는 거 영안실서 정산해 보면
그게 그거고 거기서 거기더라'

오늘도 나는 욕망의 고속열차를 티켓팅 한다

벙커에 빠진
내 영혼의 포말 숲속에

보랏빛 국화로 물든 청명한 가을 햇살이
파랗게 내려와 자리를 잡는다

곤두박질치는 폭포수 물보라처럼
내 비록 창졸간에
무대의 변방으로 밀려났지만

욕망의 석양 노을이 뉘엿뉘엿 내 마음에 기댈 때면
뉴욕의 '위대한 개츠비'가
바다 건너 초록 불빛을 향해
충혈된 욕망의 손을 내밀 때처럼

나는 여전히 내 기억 속에
'거위의 꿈'으로 이식된 내면의 광기가
시끄러운 고층 사다리 소리를 낸다

모든 것을 잃어버렸다는 절망적 회한과
그래도 아직 다른 무엇은 남아있다는 납작한 자존심
느긋하지만 늘어지지 않고
편안하지만 흐트러지지 않는
비틀린 감정에도 불구하고

나는 일말의 족함과
멈춤의 지혜로 셀프쉴드를 쳐 보지만

내 마음속 심연을 유영하는
슬픈 욕망의 급행열차는

오늘도 유리처럼 깨지기 쉬운
박제된 나를 신고 빠르게 지나간다

이상하다
아직 겨울도 아닌데 벌써 손발이 차갑고 저린다

이 가을에 인화된 풍경

선선한 은빛 바람을 보며
눈 시리게 청명한 쪽빛 하늘을 보며

나뭇가지에 매달린 붉고 노란 단풍을 보며
붉은 연등처럼 나무에 매달린 홍시를 보며

나는 촘촘하게 박음질한 희미한 기억 뿌리에서
서정적인 추억들이 삶의 궤적을
롱테이크 엔딩씬 하며 부활한다

20대 찻집 미팅에서 만난 봉선화에 물든 기억이든
짝사랑한 어느 여인에 각인된 불후의 향기이든

가을이 주는 정취와 자연이 주는 찬란한 르네상스는
나에겐 고귀한 문화유산이 되고
눈과 발이 포박당하는 하나의 서사가 된다

지난여름 그토록 애절한 매미의 구애 데시벨은
이제 가을의 전령사 귀뚜라미가 그 자리를 꿰찬다

가을이면 가까이 들리는 '귀뚤귀뚤' 이 소리는
겨울이 오기 전에 운명적으로 생을 마감해야 하는 수컷이
앞날개 한 쌍을 비벼서 암컷을 구애하는
치명적 세레나데라니

아, 이제야 나는 알았다
세상사 알고 보면 모든 게 신비롭고 경이롭다는 걸

추억이 흐르는 양재천
카페 골목 LP판에서 쏟아져 나오는
'10월의 멋진 날에'에 '광화문 연가'를 들으니

저미도록 아름다운
레트로 가을 감성이 나를 흔든다

소소하지만 저절로 이완되는 나른한 시간
보석 같은 가을 풍경의 일요일 오후다
잠시 벤치에 앉아 '뜨아'를 한 모금 입에 댄다

달빛 산책

집 근처를 에워싼 가을이
빨간 홍시처럼 무르익고
낙엽은 솜털 색종이처럼 나뒹군다

달빛 밝고 별빛 맑은 가을밤에
댕댕이 '토리'와 나는 가을 공기를 머리에 이고
밤바람을 가른다

양재천 물 흐르는 소리와
부근의 각종 현란한 조명이
밤하늘의 따뜻한 별빛과 함께 일찌감치 마중 나온다

가을은
기억 밖으로 내몰렸던 어린 시절을 소환시켜
우리의 감성 지평을 건드리고
감전시키기도 한다

문득 어떠한 악천후에도
무료 재능기부 하며 새벽 6시 매봉산을 지키는
달떡보다 하얀 얼굴이 떠오른다

샴페인 반 병 정도 비운 것 같은 기분이 드는
선한 영향력의 그녀 이름은 마음도 청아한
매봉조기회 기공체조 열정 강사 오청아다

오늘 아침도 운동하고 내려오는 매봉산은
가을 이파리가 창백한 낙엽이 되어
축축한 땅에 스티커처럼 납작 붙어 있다

고장난 가을은 누구 책임인가

영영 오지 않을 것처럼 보이던
낙오의 가을이
재점화한 듯 완연한 가을빛을 물들인다

자연이 주는
위대한 하사품이자

우리가 함께 지켜야 할
보석같은 헤리티지 가을

더 깊은 내면으로 침잠하고
비상벨이 울린 지난 시간을
성찰하는 계절인데

평범한 상식을 허물어뜨리는
'10월에 단풍이 없다'라는 게 말이 되는가

오랜 기억 속
저 넓은 대양의 파도는 멈춘 적이 없는데

어찌 기후 온난화는
단풍의 목덜미를 틀어잡고

수직 낙하한 수은주는
단풍을 상록의 미성년자로 만드는가

남해군 삼동면 벚나무는
이 가을을 따뜻한 봄으로 착각해

벚꽃을 피우는 '철없는 벚나무'라고
금년 10월 8일자 중앙일보는
언어로 그림을 그렸다

콘크리트 도심의 공원에도
가을은 예술을 물들게 하고 또 영글게 하고

내 마음의 별도 뜨게 해야 하는데
가을 햇살만 가득하고
고장난 계절 시계는 말이 없다

늦었지만 소망한다
10월의 뒷모습에서
야수파보다 강렬한 단풍을

그리고 어둠속에서
온 세상을 빛지게 하고 떠난 '아침이슬'과
앙리 마티스보다 선명한 색채의 일몰을

서정을 볶는 가을비

어젯밤 봤던
푸른 창공의 '수퍼 문'이

오늘은 산야를 불태우는
가을비로 환승하며 로스팅한다

젖은 미풍이 온몸을 흔들며 솔바람 깨우듯
가을 창문 두드리는 후두둑 외침 소리

가을이
예고 없이 내 찻잔에 녹아내리면

출렁이는 그리움은 은빛 실바람에 실려
내 가슴 밑동에 무작정 드러눕는다

난수표 같은 산발한 나의 상념은
'카프카'의 어린이로 '변신' 되어 감성을 증폭하고

세월에 묻혀 인화된 빨간 낙엽은
어느새 동공 속으로 푸드득 되살아난다

여행하기 딱 좋은 지금
돈도 없는데
돈 안드는 여행이나 해 볼 생각이다

짐 안 싸도 되는 나만의 추억여행
가이드는
그 시절 사연 있고 절절했던 낭만 발라드다

오늘의 가이드는 2명이다
한경애의 '옛 시인의 노래'와
수잔 잭스의 '에버그린'이다

세수도 안 하고
침대에 널브러져 꼼짝도 하기 싫은데

누가 뜨거운 믹스커피라도
한잔 갖다 줬음 좋겠다

일주일이 모두 일요일인 내게
'아샷추'는 사치이므로

평생 내편일 확률이 영순위인 아내는
지금 부재중이다

4부

애매한 11월의 상념

'가을 말년' 맞냐고 물으니
자기도 잘 모르겠다고 한다
'반팔 늦가을'이 황망도 하지만 아직은 가을이라 답한다

11월은 낙엽을 왁싱한
나무 두 그루 같기도 하고
남녀 연인이 나란히 걸어가는 것 같기도 하고
가을을 전별하는 이별의 달이기도 하다

활짝 만개한 꽃으로 만나
살점 아파하며 낙엽으로 엔딩 씬 하는 가을

가을 내내 몸살 났던 그리움이
만산에 불붙이는 전국적 방화범이 된다

아름다운 이별을 준비하는
가을바람이 머무는 숲은
퇴역 수순을 밟는 노병 같기도 하다

11월의 석양빛이 물든 대지는
마치 성배에 담긴 포도주가 우리의 피로 전환된 듯
켜켜이 쌓았던 추억을 빨갛게 끌어안고 홍엽으로 토해낸다

망원렌즈의 압축으로도 볼 수 없는
만추의 서정적 오후는
마치 포플린 홑겹을 씌운 이불처럼 감촉이 시원하다

11월 늦가을 정취가
소리 없이 녹아들며 내 찻잔에도 출렁인다

실존과 삶의 해독

책상 한 귀퉁이의
11월 탁상용 달력은

창백한 마른 잎을 서걱거리며
치열했던 지난 폭염의 흔적을 대용량 세탁기에 돌린다

한 해의 대차대조표를 작성할 시간
어둠 속에 덩그러니 서 있는 가로등은
나목의 단풍나무를
파티장으로 초대해 붉은 샹들리에로 변신시킨다

그런데 이상하다
익숙했던 매봉산 정상의 모습이 왠지 낯설다
자리를 지켰던 '존재들'이
어느덧 '부존재'로 바뀌고

지금 여기 '존재들' 또한
머지않아 그 뒤를 따를 거라 그런가

사춘기 열병에 달뜬
밀랍같이 고운 햇살의 그들은
어느새 영혼을 적시는 '소멸의 풍경'이 되어
형형한 눈빛을 보낸다

차마고도보다
위태로운 실존에 대한 두려움
남은 시간을 좀 더 튼튼하게 가꾸라는
올해도 얼마 남지 않은 만추가 툭 던지고 묻는다

들숨으로 폐부 깊숙하게 들어 온 박하향이
날숨의 흰 입김으로 흩어지며
달빛까지 내 마음을 포개는 별 헤는 밤이다

찬 바람이 분다

소리조차 살갗이 트는
찬 바람이 분다
겨울이 오는 소리, 입동이다

11월의 늦가을과
성질 급한 겨울의 불편한 동거는
푸른 하늘을 서리 꽃피는 묵시록 계절로 바꾼다

문득 변심한 옛 연인처럼
며칠째 손을 잡아 주지 않아 온몸이 새까맣게 타들어 가는
동네 마트 앞 떨이행사 상품 바나나를 보면서

세월은 그냥 흐르는 것이 아니라는 생각이 후드득 든다
한순간에 변하는 건 아무것도 없듯이

서두르지 않고 서서히 변해가는 늦가을의 뒷모습은
마치 헝클어진 내 인생을 보는 것 같아 스산하고

걸으면서 마주하는 일상의 쉼표를 삼키고
마치 진공의 공간으로 느껴질 만큼 적막하다

왠지 오늘 밤은 별이 안 보인다
아마도 시야를 꽉 채운 찬 바람이
별들을 쓸고 가버렸나 보다

지난날의 헛된 샛노란 추억은
소슬한 가을 허공에 물들고

대자연의 섭리는 욕망의 폐부를 찌른다
그렇게 또 하루의 입동의 밤은
찬 바람에 시간의 강을 건너 씻겨 나간다

셀프에게 보내는 희망 편지

누구는 걸림돌이라고 하고
누구는 똑같은 그것을 디딤돌이라고 한다

누구는 맨발의 아프리카 원주민을 보고
고개를 절레절레 흔들지만

누구는 이 광활한 아프리카 원주민에게
신발의 안락함을 무기로
무한의 신천지 시장이라고 무릎을 친다

누구는 도로를 운전하다 빨간 신호등에 짜증을 내지만
또 다른 누구는 사랑하는 가족에게 문자를
날릴 수 있는 절호의 기회라고 감사해한다

그렇다
비록 그대의 사업 실패가
원치 않은 나락과의 흑역사 만남이었지만

이제는 정신적 트라우마에서 벗어나
디딤돌이 되고
무한대 신발을 팔 수 있는 이머징 마켓이 되며

교통순경의 눈치를 보지 않고
휴대폰 문자를 보낼 수 있는 절대 긍정의 기회로
진화할 수 있다

왜냐하면 그대가
그대 운명을 개척하는 지배자요
그대 영혼의 키를 잡은 선장이기 때문이다

오늘도 잠 못 이루는 셀프가
또 하나의 도플갱어 셀프에게
총알 배송하는 희망 심폐소생 메시지다

어른 라이선스 요구하는 사회

가을과 겨울의 눈빛이 마주치는
11월의 도심은

비와 바람과 햇볕이 협업하며 붓질한
'아스팔트 야외 갤러리'다

삭막한 도시의 애환을
자연은 수채화와 유화라는
또 다른 영역의 자연으로 웅변한다

가을은 스산한 공기를 등에 업고
겨울을 향한 무한 나선형 쾌속정에 오른다

문명의 괘종시계는
결코 중단하는 법이 없지만
지혜는 결코 나이의 종속변수가 아니다

빛의 속도인 현대 AI 사회는
과거 풍부한 경험 수료증 스펙만으로는
초월함수인 현대의 해결사가 될 수 없다

젊은이에게 같잖게 충고하면
'꼰대'나 '라떼'로 각인되고
급기야 '노실버존'의 '케이지'에 유폐되는 창살이 된다

나이 들어 먹고 살기도 허리가 휘는데
말년에 어른 노릇 한번 하기도
살얼음 같은 세상이다

나는 나의 '도플갱어'에게 주문한다
이제는 그동안의 마일리지한 삶의 지혜를 숙성하고
인생 경험을 발효시키는
성찰의 계절로 체크아웃하라고

만추의 단상을
퍼즐처럼 엮어놓은 듯한
나무의 아픈 살점 낙엽 더미 위로
서럽도록 푸른 그리움만 쌓인다

유튜브에서 본 것 같다
그나마 어른 대접 받고 싶고
조금이라도 존경받고 싶다면

'입은 다물고 지갑이나 여세요'

이음을 위한 11월의 공유

찢기지 않고 살아남은
탁상용 달력 두 장이
혼재된 감정의 골짜기처럼 생경하다

망치를 손에 쥐면
모든 것이 못으로 보인다더니
시리도록 찬란한 만추의 추색에 온몸이 흠뻑 젖었나 보다

가을의 절정을 향해
스퍼트하는 11월은
마음속 섬세한 무늬를 감각적 언어로 토해내고
포도주를 흩뿌려놓은 듯 산야를 붉은 카펫으로 물들인다

11월의 늦가을은
밀봉됐던 마음의 벽을 녹아내리는 계절이자
생명의 불을 봉인하고 사랑을 구독하며
겨울을 예열하는 중간역이기도 하다

오늘은 25년도 대입 수능시험일
인고와 영혼의 탐조등 속에서
그 어느 때보다 마음이 추웠을
교실 저편의 웅크린 10대는

각자 쌓아온 꿈의 무게와
현실의 가채점 점수를 저울질하며
환호와 한숨의 육체적 통각을 느낀다

그래도 가을은
여전히 평범한 일상 속 빛나는 계절이다

은빛 물결로 일렁이는
갈대숲 만추의 하루는 그렇게
오늘 우리 곁을 툭 치고 지나간다

행복은 고체가 아니다

세상만사 일체유심조라
각자 생각의 앵글을 조금만 비틀면
행복은 우리 마음 안에 있으니

매일 도로를 질주하는
성난 앰뷸런스 사이렌 소리는 어쩌면
운명과 우연은 '뫼비우스 띠'로
이어져 있다는 것을 암시하는지 모르겠다

'남이 날 어떻게 볼까'
24시간 비교 공화국 철창에 유폐된
우리의 일그러진 자의식은 '엄친아'니 '육각형 인간'이니

'별 거지 같은' 신조어들을 양산하며
영혼을 황폐화하고
우리 내면에 무차별 총질을 가하며
마치 무용담처럼 전해온다

순간순간 타인과의 비교가 겨울 삭풍처럼 거세질수록
우리의 가냘픈 영혼은
존재 가치 없는 잉여 인간이 되고

축 늘어뜨린 어깨는
설국의 빙하처럼 창백해진다

삶과 행복에 모범답안이 없는 것은
생각의 용기에 따라 그 형태가 담아지는
유체역학이 작동되기 때문이다

콘크리트 암벽에 둘러싸인 이웃은
때론 시끄럽고
때론 불편한 소음이기도 하지만

언젠가는 따뜻한
인기척이 될 수도 있음을 우리는 안다
몽환적으로 채색된 11월 가을의 끝자락에서

노란 은행잎이 수북하게 쌓인
포도 위를 걸으며 행적을 복원해 보았다

차분하게 내려앉은 가을

생존 철학이 '먹는 게 진심'인 나는
세상없어도 삼시 세끼 집밥은
학교 숙제 하듯 챙겨 먹는다

오늘 점심은
도곡재래시장에서 사 온 상추와
격렬하게 포옹한 스팸으로 보補하고
댕댕이 '토리'와 함께 늦가을 대낮 마실에 나선다

단풍이 떨어진 낙엽 사이로
부스럭거리는 날것의 소리는
응축된 11월 하순의 늦가을과 함께
가을 냄새가 오감을 깨우며 폐부에 파고들고

하산길 촉촉한 가을비는
내 가슴속에 숨어 있던 감정선을 품으며
어깨와 낙엽 덮인 대지를 적신다

깜짝 놀란 쌩 초짜 아기 댕댕이는
비바람을 맞으며 전속력으로 하산하다 덤블링을 하고

올여름 강인한 삶의 흔적으로 채색된
추억의 밀도는 차곡차곡 쌓인 노스텔지어가 되어
가을 산에 가득하다

상강이 훨씬 지났는데도
서리는 내리지 않고
왜 가을비만 추적추적하는지
사유의 골목을 더듬어 본다

아마도 일상 속
작고 평범한 다음 주가 되면
이곳은 몰랑몰랑한 하얀 눈꽃이 피겠지

포엠 그때 그녀

그해 12월 어느 늦은 토요일 오후
명동국립극장 옆 'POEM'이라 적힌 작은 카페 유리창에
첫 만남의 설렘이 미세하게 내려앉고 있었다

여대 졸업반 '학생'인 눈부신 청춘은
'회사를 다니니 맛있는 거 사 주겠지'라는
가벼운 마음으로 나왔고,
남자는 운명의 끈을 기대하는 마음으로
마주 앉았다

남자의 혈관은 그녀를 향해 요동치듯 흘렀지만
그녀의 시간은 아직 바깥에 있다는 듯이
나보다 창밖을 더 오래 바라보았다

설레는 마음으로 조금만 다가가려 해도
눈부신 청춘은
"점잖게 생기신 분이 왜 이러세요?"라며 선을 그었고

남자는 그 말이 숯불에 달군 인두보다 더 뜨겁게 느낀
노총각 아저씨였다

인연은 바람을 거슬러 피어나는 야생화라 했던가
남자의 열정은 시간조차 지칠 만큼 포기할 줄 몰랐고
어느덧 시간은 우리를 하나의 영혼으로 가두었다

소중한 딸과 아들과 굴곡진 삶의 궤적을 쌓으며
사계절을 무려 마흔 번 넘게 함께한 지금
부부는 어쩌면 '운명'이란 이름으로 불리는
한 구절의 시가 아닐는지

휴대폰에 저장된 20대 초반의 '포엠 그때 그녀'는
마침내 카페 이름처럼 우리들의 이야기가 시가 되고
불꽃이 되고
시의 제목이 되었다

행복하기에도 모자란 시간

한 해가 숨넘어가는 끝자락
땅거미가 주저앉은 12월 겨울의 저녁은
영혼이 던진 반추와 성찰의 비탈길로 나를 견인한다

나는 미라처럼 메마른
나목의 착잡한 감정을
가슴이 공명하는 생명의 서사로 승화시키며
그물 없는 삶의 중력을 견딘다

사람은 꿈을 꾸는 동안만
살아있다고 하던가

타는 목마름으로 되살아나는 추억들이
새까만 밤의 살갗을 타고 스며들고

불빛이 빚어내는 밤 풍경처럼
허전하고 스산한 기억이
내 안에 음각으로 물드니
영혼을 저당 잡힌 얼굴들이 아른거린다

나이가 든다는 것
행복하기에도 모자란 그런 시간이라는 것
그리고 지금 이 순간이
내 생애 가장 젊은 날이라는 것

'그대가 헛되이 보낸 오늘은
어제 죽은 이가 그토록 그리던 내일이다'
고대 그리스 시인 소포클레스의 말이
새삼 선명하게 각인되는 추운 겨울밤이다

삶은 무한하지 않고 유한하니
항상 죽음을 기억하라는
고대 로마인의 '메멘토 모리'도 동시에 인화된다

지구의 자전과 공전 속 늦가을

나의 존재는 지극히 불안정하고
모든 삼라만상은 상수 아닌 변수이니

실존적 존재인 우리는
죽음을 심폐 소생하기 위해
신앙이라는 절대 언덕에 의탁하는 것인가

지난 10월 갑자기 내 곁을 훌쩍 떠난
가족과 지인이
자연스럽게 녹아든 가을 달빛에 비치니

운명은 비켜 갈 수 없다는
벼락같은 깨달음이 선험적으로 각인된다

문득 늦가을 금빛 햇살과 함께
가을바람에 실려 오는
하늘을 바라보니

지구과학 시간에 배운
천문학 지식이 날 어지럽게 한다

우리가 사는 지구가 하루에 한 바퀴씩
자전축을 중심으로 시속 약 1,700km로 자전하고

우리가 사는 행성이 1년에 한 바퀴씩
태양 둘레를 시속 약 107,000km로 공전해서 그런가

함께 익어가는
만추의 숲속에서 길어 올린
믹스커피의 달콤한 추억과 함께
충만한 늦가을의 하루를 또 무심하게 보낸다

늦가을의 하얀 명품

설산이다
솜사탕 같은 설국이다

대자연의 사계를
고스란히 품은 동네 매봉산이
새벽에 기습한
백색 흰 가루의 중력에 시간을 멈춘다

가을의 흔적이 희미해져 가는
매봉산 단풍 어깨 위로
하얀 백설기가
가을을 지우며 살포시 내려앉는다

공중에서 분분히
펄떡이며 탱고하는 눈송이는
에르메스와 샤넬이 되고

눈앞의 거대한 서사가 되어
누군가를 향한 그리운 명품으로
소복하게 쌓인다

여러 겹의 포장지로
마음 저편에 꼭꼭 숨겨둔
상실된 영혼과 풍화된 시간은

하얀 해독제가 되어
초현실적 몽환의 동화로 변한다

나는 아직 내장된
소년의 서정적 기억으로
창밖에 내리는 하얀 자연과 동행하며

우리가 꿈꾸는 비무장 설국의 그 날을
인문학적 상상력을 동원해 사유해 본다

아련하게 자물쇠로 숨겨둔
아련한 내 첫사랑의 첫눈도

정화되지 않은 감정의 배설물과 함께
세상을 이해하는 백설의 창으로
신의 계시처럼 흩날린다

설경雪景의 하루

누가 은행 창구처럼 번호표를 나눠 주고
순번을 매겨 준 것도 아닌데
자연은 익숙한 공식처럼 자신의 자리를
정확히 알고 있는 것 같다

겨울 서정을 머금은
우면산 눈꽃은
한 폭의 진경 설경화를 빚어내고
백남준 같은 이국적 조형물을 형상화한다

광활한 바다도 빗물에 젖듯이
함박눈에 매몰된 우면산도
또 다른 하얀 속살의 하얀 눈에 떨면서 젖는다

지난여름 기록적인 광염은
결국 오늘 이 찬란한 백설의 향연을 구가하기 위해
기다림의 미학을 실천한 것인가

발목부터 적셔 오다
어느 순간 급류가 되는 산골짜기 빗물처럼

단지 바라만 보아도
위로와 힐링이 되는 대자연의 감성적 울림이

달콤한 시각적 환영을 불러오고
몽환적 별천지 야외 수묵화를 탄생시킨다

눈바람은 낙엽을 푸드덕 휩쓸며
12월 겨울 환영회를 준비하고

전별의 가을은
다시 태양 주위를 한 바퀴를 돌아
내년 가을의 정기 복귀를 기약한다

눈치를 보듯 벌써 햇빛이 둘레둘레 빠져나가며
아쉬운 첫눈의 하얀 하루는
설야 마중 채비에 분주하다

11월 첫눈이 쏘아 올린 것들

불시 압수수색 나온
특수부 형사들처럼

도심 새벽에 덮친 117년 만의 11월 흰 목화는
스쳐 지나가는
지난날 촉각적 기억의 각성제다

세상이 하얀 양모의
패딩을 입은 듯
두터운 솜이불을 머리끝까지 뒤집어쓴 듯

겨울의 낭만과 감성을
시각적 은유로 재충전하는 첫눈

예전의 그들에겐 과거였고
오늘 우리에겐 현재인
눈 덮인 매봉산은
스노우 몬스터로 불리는 수빙樹氷과 순백의 오르가즘이다

하루 종일 가슴에 품은 매봉은
올 한 해 숨 가쁘게 달려온 각자에 대한 쉼표며 비상구다

타 행성의 빛을 차용한 하늘의 별보다
스스로의 힘으로 발광하는
주체적 자존의 빛나는 반딧불처럼

세상에서 가장 특별한 우리 자신을
백야의 흰 눈에 비춰 본다

솜털처럼 가볍지만
납처럼 무거운 마음으로
가슴에 꼭꼭 묻어둔 블랙박스를 토해내며

남은 한 해 조심조심 펭귄처럼 걸어가야겠다
올 한 해도 쉬지 않고 달려온 것 같은데
삶의 온도는 숨 막히는 현실의 '겨울'이다

그래도 11월에 쏘아 올린
동화같은 첫눈은 꽃물처럼 나 자신을 적시며
아직 내 가슴에 팔딱거린다

2024년 타임캡슐

불안과 혼돈이
12월의 찬 공기를 가르는 세밑

불꽃에 덴 것 같은 공포의 내상은
2024년 현재를 봉인해
미래로 던져진 타임캡슐이다

계엄이라는
역사적 퇴영의 기억 조각은
잔잔하고 소소한 시민의 일상을 전복시키고
만취한 난폭운전의 상흔이 되어 음각으로 새겨진다

박제된 채 정지된 천 년의 공간보다
오늘을 숨 쉬는 현생의 변곡점이 더 정감을 주는
생경하고 굴곡진 풍경의 크리스마스다

해 질 무렵
매봉산 눈꽃 핀 나목 위 새들은
올해 작별 인사를 하듯 포르릉 날개를 펴고

미각에 새겨진
따뜻하고 상큼한 유자차 한 잔이
양념 같은 일상의 나를 위로해 준다

그리움조차 시간의 병에 꾹꾹 눌러 담아
버티고 견딘 한 해의 시간이 또 우리 곁을 스치고

'어른을 위한 동화' 같은
세밑 거리의 밤 풍경은 노년의 시심을 자극한다

그런데 이상하다
올해 푸른 우주의 크리스마스 '징글벨'이 나이를 먹는지
마치 빛바랜 흑백사진 속 '전설의 고향' 배음으로 들린다

고요한 밤 거룩한 밤

경건한 바람이 불어온다
성당의 경배 종소리가 스며든다
마침내 천국의 촛불이 켜진다

고달픈 육신을 사赦하는
은화처럼 맑은 사랑 빛이
찬 공기와 변주되어 숭고한 은혜의 찬미를
온 누리에 칭송한다

눈부시게 빛나는 광야의 빙판에서
저 멀리 달빛 머금은 별 하나가
우리를 대속하는 천사의 합창으로 활강한다

새해의 창을 여는 축제의 숨결로
말 구유에서 기쁘다 구주 오셨네

사랑의 샘이 현현하는 오늘은
거대한 폭풍처럼 매서운 한파가 몰아치는
경탄의 크리스마스이브다

시절이 하 수상하니
뒤섞인 낯섦과 당혹 속에서
고요하고 거룩한 밤이
'계엄에 묻힌 밤'이 될까 안타깝다

메리 크리스마스

칙칙한 어둠은 결코
성당을 비추는 햇살을 이길 수 없으니
성탄 구원의 빛은 절절한 기도의 불꽃이 되고
소망의 항구가 된다

현재진행형의 어둠을 밝히고
빛과 소금으로 전파하는
복음 성탄절

낮은 자를 위해
더욱 낮은 곳으로 임하신 주님의 은혜처럼

자상刺傷의 사회를 보듬는
구세군 자선냄비는

어둠 넘어 희망과 환희의 파도를
모든 이의 가슴에 살포시 담는다

악몽처럼 매서운 비상계엄 한파에
저열한 정치가 삼킨
차가운 겨울 날씨에도

선한 손길의 빨간 사랑의 온도계는
빛과 풍경의 루체비스타가 되어
교회 담장 밖으로 은총의 성탄 캐럴을 전파한다

그런데 오호통재라
트리는 있지만 캐럴은 들리지 않은
올해 크리스마스 모습은
마치 '잃어버린 연말 보너스'를 목도하는 듯하다

연일 이어지는 광화문과 여의도의
자유를 향한 '응원봉 빛'의 강렬한 스펙터클은
먼 훗날 우리에게 어떤 추억의 공간으로 기억될까

전에 안 하던 고민을 모두가 함께해 보는
우울한 12월 25일 성탄절이다

공허한 제야의 종소리

12월의
플랫폼에 들어서면

시계의 초침은
비행접시가 되고

주름 잡힌 영욕은
영겁의 블랙홀로 빨려든다

어김없이 찾아오는
제야의 타종 뒤 보신각 뒤편으로

을사년 새해를 여는
'자정의 태양'이
마법처럼 떠오르고

올 한 해 켜켜이 쌓인
시간의 퇴적 더미 위에

현실판 '디스토피아' 계엄이
무단 침입하여

나락의 '정치 오징어 게임'
리얼리티 쇼를 연출한다

한 해의 그림자가
백지장처럼 얇어지고

제야의 종소리가
은은하게 들려오는 지금

나는 세월의 궤도 속에
들숨과 날숨을 반복하며

풍진의 건널목을 건너고
회한의 강을 건너며

마침내 겨울 나그네가 되어
송년의 바다를 건넌다

갑작스런 세밑
무안공항 항공기 대참사는

우울하고 얼룩진 계엄의
여진과 함께
'우리를 슬프게 하는 것들'의 목록이 되지만

그래도 아직까지 감동의 진폭으로
두둥실 살아있는 을사년 새해는

샹들리에 불빛처럼
희망으로 밝아온다

5부

젊은 노년의 꿈

압력솥에 밥만 하다 죽을 순 없다
죽어라 일만 하다 세상을 등질 순 없다

영원을 위해 찰나에 집중하는 사진처럼
싫증 난 산책 루틴을 벗어나
오늘은 하루 종일 대모산을 헤매며 걸었다

온몸 이곳저곳에서
마음을 짓누른 현실의 고민과 함께
제발 살려달라는 신호로 아우성이다

만두소 가득 담긴 만두처럼
여백의 미는 없지만

망막에 꽃씨 뿌리고
도시의 빡빡함 속에서

포실포실한 6월 햇살은
일상의 그을린 영혼을 씻겨 준다

젊은 노년의 꿈
나무와 솔 향기가 내뿜는
산소와 피톤치드는
마치 마일리지 카드로 지불받은 것 같다

나는 지금 시공간 너머
그때 그 시절 빡빡머리 철부지로 돌아갔다

쉬어 가라 하네

초록의 스펙트럼이 가장 넓은 이때
청계산 옥녀봉을 오른다
호흡이 가빠지고 다리가 후들거린다

저만치 나신의 나무 벤치가
까닥까닥 손짓을 한다

꽃과 풀과 땅은 쉬어 가라 하고
바람은 지쳐가는 등산객을 보며
아다지오 쉼표를 찍으라 한다

나뭇잎 사이로 비치는
놀라운 하얀 빛줄기는
숲에 현란한 백남준 퍼포먼스를 연출하고

사색의 대자연은
끝자락 5월의 신록과
마주 보며 눈 맞추라 한다

잠탱이도 아닌데
까무룩 까무룩 졸음이

눈꺼풀을 폭풍처럼 휘감는
비경의 청계산 오후다

저무는 봄에 미련은 없다

봄의 끝자락
묵언수행 하듯 입술에 지퍼 달고
오늘도 백수 '라떼르' 달고 관악산에 오른다
데칼코마니 같은 일상의 루틴이다

봄이 저물면서
꽃은 맥없이 땅에 주저앉지만
완연한 초록으로 메이크업한 프리미엄 신록은

등산객의 마음이 녹아드는
은밀한 매직의 휴양지로 우리를 안내한다

산 이곳저곳은 맨발의 청춘들이 오고 가고
진흙투성이 종아리 사이로 어느새
여름이란 이름이 쓰나미처럼 밀려오고 있다

내 삶의 배가
방향타를 잃고 흔들릴 때
내 영혼이 원래의 제자리로 돌아오게 하는
평형수가 필요한 시점

대자연의 감흥에 취기가 올라온 듯
하산길 행락객들의 부풀린 뻥튀기가
두 귀를 몹시도 바쁘게 한다

아마도 어젯밤 추억의 공간에서
봄밤 별의 정취와 러브샷 맞술하며
질펀하게 보냈나 보다

영화는 사라지고

토요일 오후 코엑스
오랜만에 아내와 함께 영화 보러 간 날

팝콘 주문대 옆 관객들 사이로
세월을 비켜선 반백의 한 얼굴이 보인다
그녀도 힐끗 날 쳐다본다
그녀다
아마도, 어쩌면

대학 졸업반 소개팅
커피잔 위로 가슴이 출렁이던
햇살 가득한 봄날의 신촌역 부근 다방

반세기 가까이 흐른 지금
그녀 곁에 또 다른 세월의 무게가 느껴지는 한 남자
아는 척 못 했다
말 걸 수도 없었다
말할 필요도 없었다

극장 의자에 몸을 깊숙이 파묻고
빛과 어둠이 교차하는 공간 내내
영화는 사라지고 기억만 필름처럼 되돌아간다

스크린 너머 눈앞엔
오직 그 봄날의 박제된 웃음만 보인다

영화는 흐르고 지나간 시간의 잔상에 그날만 남는다
문득 떠오른 피천득의 '인연'과 '아사코'

쭈뼛쭈뼛 집에 오는 길
아내가 묻는다
'당신, 오늘 영화 재미없어?'

들판의 끝자락에서

젊은 시절 나는
인생이 한없이 펼쳐진 푸른 들판인 줄 알았다

어디든 갈 수 있고
무엇이든 할 수 있는 오직 입구만 있는 줄 알았다

하지만 세월은 나를 번쩍 들어
그 들판의 끝자락으로 옮겨 놓았다
그런 나는 지금 출구 바로 앞에 있다

마주한 출구는
어깨에 기대어 숨 쉬는 낯선 존재처럼
조용하게 다가오고 선명하게 보인다

나는 지금 출구 앞에서
그 옆에 있는 작은 입구를 찾아간다

자판을 두드리는
나의 주름진 가운뎃손가락은 아직 따뜻하고
내 가슴에는 아직 쓰이지 않은 말들이 너무 많기 때문이다

적어도 사랑하는 내 가족에게만큼은
노년의 아빠 삶에도 익숙한 것 너머에
여전히 새로운 것이 숨어 있다는 것을 보여주고 싶다

신뢰의 외투

아내는 집 창가에 핀 봄이고
나는 언제든지 앉을 수 있는 그 옆에 놓인 의자다

아내의 하루는 내 감지기로는 측량되지 않기에
그녀가 걷는 길 위에
작은 평온의 디딤돌로 존재하기를 소망한다

우리는 두 손을 잡되 거세게 당기지 않는다
각자의 속도로 걷는 것이
함께 오래 걷는 법임을 잘 알기 때문이다

그녀의 여린 날개가 다치지 않게
그저 마음속의 '로라'를 놓아줄 뿐이다

남은 노년의 여생도
상대방의 무언가를 빼앗지 않고
신뢰의 영혼 외투를 걸치고 조심조심 동행하고 싶다

노년의 씨앗

흙을 처음 만지는 아이처럼
아파트 베란다 한 켠 빈 화분 앞에 쪼그려 앉아
씨앗들을 갓난아이 다루듯 조심스레 눕힌다

상추, 깻잎, 호박 그리고 콩 한 줌까지
손끝에 닿은 씨앗이 마치 내 지난 생의 조각 같다

며칠 후 잠든 꿈처럼 고요하게
흙을 밀고 싹 틔운 신비한 연둣빛 숨결

햇살 한 줌에도
일제히 나대듯이 피어오르고

물 한 방울에도
우주의 빛이 반짝이는 자연의 마법이다

나는 시가 되어 주는 새싹 안에서
크게 숨을 쉬며
오래된 경전을 펼치듯 삶을 다시 읽는다

끝이 아니고 다시 시작이라는 새싹의 속삭임에
내가 키운 한 줌의 푸름이
작은 등불이 되고 깊은 울림이 되어

나의 주름진 마음을
바삭바삭하게 말린 빨래처럼 펴 준다

오늘도 침침한 눈으로 베란다를 굽어보며
조심조심 손끝으로 묻는 노년의 일상이다

진정 어른이 된다는 것

늦은 오후
베란다에 비치는 햇살에 굽은 등을 포개면
차 한 잔을 내어주는 것처럼 눈빛이 깊어진다

나무도 제 그림자를 들여다보며 자라듯
우리도 스스로의 상처를 다스리며 어른이 된다

어른이 된다는 건
주름 하나 늘어난 거울 속 얼굴이 아니라

나이 숫자의 너머에서 먼저 침묵을 배우고
세상을 향해 더 부드러워지는
삶의 여백을 남기는 일이다

젊은 날의 속도에
섣불리 피폭되지 않고
그들의 질문이 올 때까지 기다릴 줄 아는 것
이 또한 어른의 품새다

어른이 된다는 건
모든 것을 아는 휴머노이드 AI가 아니라
더 작게 말하고
더 적게 선택하며 더 깊이 듣는 것이다

어쩌면 수도자의 기도 같기도 하고
구도자의 발걸음 같기도 하다

아직 나는 그 길에서 어른이 되어 가는 중이다

그때는 몰랐습니다

그때는 정말 몰랐어요
하루 종일 집에만 계시던
아버지의 등 굽은 뒷모습이
얼마나 적적하고 쓸쓸한 시간이었는지를

바쁘다는 입에 바른 흔한 핑계로
마음의 무게를 저울질하며
무심하게 지나쳤던 제 모습이 떠오릅니다

당신의 삶의 무게를
먼저 헤아렸어야 했는데
아둔한 아들은 그걸 눈치채지 못했고

집에 있는 사람이
그깟 용돈이 뭐 그리 필요하냐며

담담한 표정으로 모든 걸 감추시던
아버지의 말 못 할 주름진 고백이 숨어 있었다는 것도
이제야 알 것 같습니다

세월이 앉은 엄마 손에 쥐어 드린
약간의 생활비만으로도
잘 지낸다고 말씀하셨던 당신

그 말씀 끝에 숨겨진 망설임을
왜 그땐 듣지도 읽지도 못했을까요

당신의 그 조용한 하루 속엔
아들에 대한 사랑도 외로움도 기다림도 다 있었음을
왜 그땐 몰랐을까요

어느덧 고희의 나이를 넘긴 셋째 아들은
당신 나이가 되어
지난 세월을 복기해 봅니다

불 꺼진 조용한 방, 텅 빈 거실
혼자 있는 시간이 길어질수록

당신의 적막함이
얼마나 무거운 울림이었는지
제 가슴에 스며들어 깨닫게 됩니다

'용돈 달라고 말하기 어려운 게 부모 마음이란다'
그 말씀이 이명 되어
가슴이 저릿해지는 오늘

아들은 당신 얼굴을 별빛에 그려보며
마음을 붉힙니다

아들이 이제 드릴 수 있는 것은
노을빛 위로 스치는 후회 섞인 참회뿐이네요

천국 여행 중인 아버지 그리고 엄마
참 많이 그립습니다

세월의 강가에서

칠흑의 강 위를
외딴 배 하나가 조용히 떠난다

향이 스민 바람이
남은 이들의 어깨를 스친다

누구도 강 건너편의 마을을 본 적 없지만
모두가 그곳으로 간다는 사실은 알고 있다

세월은 침묵의 강이 되어
우리의 발목을 감싸 흐르며
언젠가 우리를 부른다

그도 어제까지 우리처럼
강가를 거닐며
강너머 손짓을
먼 등대쯤으로 여겼으리라

삶이란 어쩌면
강가의 기다림일 수도 있고
잠시 꾸다 깨어나는 백일몽일 수도 있다

우리는 저 멀리 비치는 등대 빛이
우리를 부르기 전까지
그림자와 등대 사이에서 잠시 머물 뿐이다

사랑도 노안老眼처럼

껌딱지 댕댕이 '토리'와 함께
늦여름 동네 장터를 여기저기 기웃거리다가
저만치 앞서가는 여인이 눈에 걸린다

장바구니는 무거워 보이고
발걸음은 빠르다

머리칼은 저녁 햇살을 부서지고
나이를 망각한 나는 호기를 부려 본다
그냥 보내면 두고두고 후회할 것 같아서다

저기요~ 저기요~
시끌벅적한 시장통 소리에 묻혀 못 들은 것 같다
다시 용기를 내 불러본다
여보세요~ 저기요~ 저기요~

그녀가 획
돌아본다
나를 꿰뚫는 그녀의 익숙한 눈동자 안에 갇혀

시간이 포획되고 찢기며 순간접착제가 되고
노년의 남자는 그 자리에서 놀란 표정의 장승이 된다

'뭐해, 이거 안 들고?'
내 청춘과 함께 늙어 준
아내다

사랑도 노안처럼
가끔 헷갈리는 것 같다

노년의 출구 옆 작은 입구

젊을 땐
출구란 단어조차 모른 채
들뜬 걸음으로 불붙은 바람 속을 내달았다

불에 그슬려 봐야
비로소 불꽃을 알 듯
나는 지금 인생의 출구 앞에 서 있다

솔직히 나는 출구가 두려워
출구 옆에 작은 입구를 만들어
낯선 운율 하나에 내일을 맡기고
오늘도 독수리 타법으로 자판을 두드린다

늙은 나무도 꽃을 피우고
세월의 강도 다른 모래를 깎는다고 했으니

세월이 묻은 늙은 시인도
한 줄의 벅찬 새로운 시어를 낳으리라

나의 노년은
눈이 아닌 귀로 별을 읽고

천천히 머뭇머뭇하다가
마지막 선물처럼 웃으며
오늘 하루를 품에 안고 가리라

꺼지지 않는 잔불

어릴 적 미술 시간
나는 크레파스로 파란 태양을 그리고
댕댕이한테 푸른 날개를 달아준 기억이 있다

선생님은 야릇한 미소를 지었고
이후 나는 정답이 있는 삶이
인정받는다는 것을 알면서 조심스럽게 자랐다

모나면 정 맞을까 봐
눈에 띄지 않으려고 노력했고
내 감정보다는 주변 다수의 표정을 먼저 읽었다

어느새 세상의 질서에 순치된 나는
엉뚱하고 기상천외한 나를 다듬고 수정하여
사회가 요구하는 입맛에 어울리는
맞춤형 인생으로 다시 태어났다

그렇게 세월은 흘러
백발의 나이가 되었지만

내 안 심연의 역동적 원형질은
아직도 꺼지지 않은 잔불로 남아
나만의 언어로

슬금슬금 기어 나와
오늘도 내 주위를 배회하며 돌아다닌다

늦은 미식 순례

내 젊은 날의 기억은
속도를 삼키고 배고픔을 미뤄두며
금맥을 찾아 산과 강을 헤맸었다

이제는 한 숟갈에 계절이 피고
뜨거운 국밥 속에서 지난날이 녹아든다

세상의 모든 경계를 지워가는 나이
저 멀리 밥집의 빛바랜 간판이 나를 부른다

돌이켜 보니
길가의 위대한 성전들은
성당도 아니고 교회의 높은 탑도 아닌

김이 모락모락 피어오르는 식탁이
바로 나의 성소라

의사의 처방전보다
더 깊은 내 마음의 위로는
진하게 우러난 육수 속에 있음을 나는 안다

여백의 맛을 찾아 떠나는 길
그 어느 미슐랭 가이드보다 진실한
미식의 성지순례다

오늘도 내 GPS는 후기 4.8 이상만 추적한다

노년의 신대륙

노년이란
모든 것을 내려놓는 시간일까
아니면 무언가를 시작하는 또 다른 입구의 시간일까

삶의 깊이는
남은 시간의 총량이 아니라
그 속에 무엇을 담그냐에 달려있다고 하지 않던가

그것은 거칠어진 내 손안에 있는
서정시 한 줄일 수도 있고

매일 보는 집 근처의 익숙한 풍경을
오늘 새롭게 바라보는 눈빛일 수도 있다

노년의 출구는
어쩌면 그 봄이 마지막일 수도 있기에
깊은 애정을 품은 진실일 수도 있다

출구를 향한 나의 노년은

정리가 아니라

작지만 역동적인 새로운 항해다

맛있는 삶을 입에 넣다

한때는
산을 넘고 물을 건너
성공이라는 신화를 찾아 헤맸었다

그렇게 신기루를 쫓으며 보낸 세월은
굽은 어깨의 알량한 훈장과
낡은 은행 통장만이 내 주름진 손에 쥐어져 있다

동해안 바다보다 더 푸른 고등어 생선구이집
남도의 좁은 골목의 고추장 불고기집

그 식탁 위에 놓인 이름 없는 작은 별 하나
그 별은 우주 어디에도 존재하지 않지만

내 혀끝에서 반짝이며 오래도록 떠
시간을 되새기고 추억하게 하는 마법의 별이다

나의 순례는
맛을 혀의 기억에 남기며
삶을 입에 남는다

삶이란 결국
잘 먹고 가는 길목이 아닐런지

오늘도 나는 국밥집 주인장의 한마디
"더 드릴까요?"에 구원받는다

마트 앞에서

너를 품에 안고
당연히 함께 들어설 줄 알았지

장바구니만 허락된 마트 문턱 앞에서
너는 말없이 내 어깨를 내려오고
나는 애잔한 너의 눈을 살피며
덩그러니 기둥 옆에 묶었지

문 닫히는 소리 너머 들려오는 너의 조용한 외침은
조각난 상처의 파동으로 내 가슴을 두드리고

가득 찬 장바구니보다
텅 빈 너의 까만 두 눈망울이
내 마음을 더 무겁게 짓누른다

너를 안은 내 품은
분명 가족을 안은 가슴인데
세상은 아직 너를 포용하기엔 인색한 것 같다

오늘 영문도 모른 너는 풍성한 꼬리를 내리고
주름진 냉정한 현실을 아는 나는 무거운 시선을 내린다
미안하다. 우리 댕댕이 '토리'야

지팡이의 굿모닝

아침 6시
댕댕이 '토리'와 함께 매봉산을 오르는 길

바람은 예전처럼 감미롭지만
이름 모를 파동 곡선의 허리와 무릎은
나도 모르게 사물 쪽으로 기운다

예전엔
관객이었던 사물들의 그림자가
자기랑 함께 어깨동무하겠냐고 말을 거는 것 같다

강 건너 노인의 풍경 속 장식품이
이미 나의 풍경 속 가까운 친구가 되었음을 아는지
오늘 그것들이 손을 내민다

젊은 날 그냥 지나쳤던
지팡이와 의자와 난간
그들이 이제 자기들과 함께 할 때라고 눈짓을 한다

나무가 손을 내밀고
풍경이 나를 부를 때

나는 조용히
사물의 나라에 귀의한다
여권에는 '지팡이의 민民'이라고 적혀 있다

이제 나는
사물 속으로 서서히 읽어 간다

돌이킬 수 없는 엄마의 계절

울 엄마는
영원히 우리 곁을 흐르는 한강인 줄 알았다
강가의 버드나무처럼 늘 그 자리에 서 있을 줄만 믿었다

울 엄마는
계절 밖 어디쯤 먼 곳에 머무는 줄 알았다
봄과 여름과 겨울이 바뀌어도
엄마만은 변치 않는 액자 속 풍경인 줄 알았다

달빛에도 숨죽인 새벽이 있다는 것을 애써 외면하고
밤마다 뜨는 달처럼 영원히 아들 곁을 비출 줄 알았다

그러나 엄마도 우주의 수레바퀴 위를 돌고
햇살도 달빛도 적시는 존재였다

가까운 이웃에 계절이 꺾이는 부고가 전해져도
우리 집 마당의 꽃은 시들 리 없다고 생각했다

빈 둥지처럼 속을 비운 서운한 말들로
아들은 엄마 가슴에 서러운 비바람을 불게 했고

햇살 같은 웃음을 더 오래 품어 드리지 못한
고희의 아들은
이제서야 늦은 용돈 봉투와 맛집을
허공의 바람에 실려 보낸다

아, 돌이킬 수 없는 엄마의 계절
책상 앞 사진 속
엄마는 빛이 스며든 셋째 아들 방 창가에서
오늘도 가을 햇살을 머금고 환하게 웃고 있다

말은 강을 건너지 못하고

한 지붕 아래
두 개의 달력이 걸려 있다

벽에 걸린 아버지 달력은 어제의 계절이 묻어 있고
휴대폰 속 아들 달력은 내일의 햇살만 펼쳐져 있다

식탁 위 대화는
서로 다른 언어의 강 위를 떠도는
두 줄기의 나룻배와 같다

노를 젓는 방향도
바라보는 지평선도 다르다

"니가 뭘 아냐"라는 아버지의 훈시는
낡은 성벽 위에서 떨어지는 돌처럼 무겁게 부딪히고

"잘 알지도 못하면서"라는 아들의 목소리는
성벽을 흔드는 바람처럼 차갑게 스며든다

마음은 서로의 부두에 닿지 못하고
그저 멀리서 물결 너머 불빛만 바라본다

세대란 어쩌면
같은 집에 살지만 서로 다른 별자리 아래 사는 것
같은 태양 아래 서 있어도
서로의 그림자를 볼 수 없는 것인가

오늘도 말은 강을 건너지 못하고
눈빛은 다리를 놓지 못한 채
밤마다 같은 강 위에 잠긴다

유비자

서울돈암초등학교와 연세대학교 법과대학 법학과를 졸업하고 미국 하와이주립대학교(PAMI)에서 수학하였으며, 1992년 한국경제신문사 주관 제2회 다산금융인상(재무부장관상)을 투자금융업계 최초로 수상하였다.

전국경제인연합회(국제경영원)와 한국생산성본부(KPC) 등에서 강의하였고, 대우그룹과 동양그룹에서 20년 가까이 근무하였으며 출판사 운영과 함께 다양한 책을 집필한 저자는 유도 유단자(공인4단)이자 통기타를 즐기는 서예가이기도 하다.

저서로는 《스토리텔링 한국사》, 《스토리텔링 세계사》, 《스토리텔링 로마사》, 《나, 트럼프》, 《나는 왕족이로소이다, 흥선대원군》, 《아름다운 별거, 졸혼》, 《눈물의 일기, 덕혜옹주》, 《허공에 핀 꽃 물속에 잠긴 달, 허난설헌》, 《두견새가 울 때까지, 도쿠가와 이에야스》, 《예술의 향기, 사임당》, 《설움의 일기, 혜경궁 홍씨》, 《임진년 그곳에 이순신이 있었네》 등이 있다.

내게도 애인이 생겼다

초판 1쇄 펴낸 날 2025년 11월 29일

지은이 유비자
펴낸이 권인수

펴낸 곳 도토리숲
출판등록 2012년 1월 25일(제313-2012-151호)
주소 03940 서울시 마포구 모래내로7길 38 2층 202-5호(성산동, 137-3)
전화 070-8879-5026 | **팩스** 02-337-5026
이메일 dotoribook@naver.com
인스타그램 @acorn_forest_book
블로그 http://blog.naver.com/dotoribook

기획편집 권병재 | **디자인** 새와나무

ⓒ 2025. 유비자

ISBN 979-11-93599-25-9 03810

* 이 책에 실린 내용을 이용하시려면 반드시 도토리숲의 동의를 받아야 합니다
* 책값은 뒤표지에 있습니다